# Quand le ciel envahit la terre

GUIDE PRATIQUE POUR UNE VIE
MARQUÉE PAR LE DIVIN

## Bill Johnson

PRÉFACE DE JACK TAYLOR ET RANDY CLARK

*Note : Tout au long du livre, le nom « satan » et les autres noms qui se rapportent à lui sont écrits sans majuscule initiale. Nous avons fait ce choix délibéré pour ne pas le reconnaître, même si en agissant ainsi, nous violons les règles de la grammaire.*

---

Originalement publié aux États-Unis par Treasure House,
une division de Destiny Image
Shippensburg, PA
sous le titre : **When Heaven invades Earth**
Copyright © 2003 par Bill Johnson
Redding, CA, USA.
Tous droits réservés.

Copyright © 2006 de l'édition française
par les **Éditions EPH**
Varennes, (Québec), Canada.
Tous droits réservés.

Traduction : Philippe le Péru
Couverture : Alain Auger
Mise en page : Lucie Cléroux

*Sauf indication contraire, les textes bibliques sont tirés
de la Bible Segond révisée dite « à la Colombe ».*

Dépôt légal - Bibliothèque et Archives nationales du Québec, 2006.
Dépôt légal - Bibliothèque et Archives Canada, 2006.

Imprimé au Canada.

**Catalogage avant publication de Bibliothèque et Archives Canada**
Johnson, Bill
    Quand le ciel envahit la Terre : guide pratique pour une vie marquée par le divin
    Traduction de : When Heaven invades Earth.
    ISBN : 2-922777-17-0
    1. Miracles. 2. Guérison par la foi. I. Titre.
BT732.5.J6314 2006         231.7'3         C2006-941809-8

# Dédicace

*Je dédie ce livre aux deux églises
dont j'ai été le pasteur :
la Mountain Chapel de Weaverville
et l'église Bethel de Redding,
toutes deux situées en Californie (U.S.A.).
Les membres de ces deux églises ont accepté
une vie inconfortable, faite de risque permanent,
toujours prêts à endurer l'inexplicable pour obtenir
l'inoubliable. Je vous dois plus que je ne pourrai
jamais vous redonner. Merci. Je vous aime.*

# Remerciements

À *Papa et Maman*: merci d'avoir cru sincèrement que j'étais capable de tout.

À *Mark Sanders, John Montgomery, Kris Vallotton, Diane Brown et Andre Van Mol*: merci pour l'exhortation et l'encouragement fidèles à écrire. À Diane: tes conseils ont été fort utiles.

*Aux anciens de la Mountain Chapel*: merci de m'avoir donné l'espace me permettant de grandir, tout en m'encourageant à suivre ma vision. Merci aussi pour l'achat du Mac.

*Au personnel et aux anciens de l'église de Bethel*: vous êtes mes héros. Votre acceptation du prix à payer pour le réveil a préparé le chemin pour le fruit futur au-delà de mes rêves les plus fous. Vous êtes le «Dream Team».

À *Dann Farrelly*: merci d'avoir évalué honnêtement ce que j'avais écrit, et pour l'avoir inlassablement édité.

À *Guy Chevreau*: merci pour tes simples suggestions et ton travail de rédaction. Ils sont inestimables pour moi!

À *Bobby et Carolyn Conner*: merci de m'avoir permis d'utiliser si longtemps la «cabine de l'ange» pour écrire.

À *Bob et Claudia Perry*: merci de m'avoir permis d'utiliser l'Hilton de Shasta comme un refuge pour écrire.

À *ma femme Beni*: tu as pour moi le goût du ciel sur la terre. *Merci.*

«Bill Johnson est l'une des personnes les plus merveilleuses que je connaisse, et en même temps l'une des plus dangereuses. Il est l'incarnation vivante de Matthieu 6.10: «Que ton règne vienne; que ta volonté soit faite sur la terre comme au ciel.» Tel est le cri du cœur de *Quand le ciel envahit la terre*. Si un grand nombre de chrétiens marquent leur époque en attendant d'aller au ciel, le défi de Bill consiste à faire descendre le ciel sur terre, dès maintenant! Nous devons répondre à ce défi de toute urgence.

Ce livre édifie la foi. Il défie chaque chrétien de vivre des miracles et des prodiges comme partie intégrante et naturelle de la vie.»

*John Arnott*
*Pasteur de la Toronto Airport Christian Fellowship*
*Président-fondateur de l'organisation «Partners in Heaven»*

«*Quand le ciel envahit la terre* est un livre révolutionnaire. La foi le traverse de la première à la dernière page. Les chrétiens ordinaires vont commencer à voir des miracles extraordinaires dans leur vie quotidienne s'ils relèvent les défis que ce livre leur lance.»

*Wes Campbell*
*Co-fondateur de l'église New Life*

«Bill écrit d'une manière extraordinaire qui ne manquera pas d'inspirer, d'équiper — et plus important encore — de communiquer la grâce du surnaturel. Je recommande fortement ce livre exceptionnel.»

*Ché Ann*
*Pasteur de l'église Harvest Rock (Pasadena, U.S.A)*

«Voici, à mon avis, le livre le plus stimulant que j'aie jamais lu! Théologiquement sain, il a de profondes implications sur la manière dont le chrétien vit dans ce monde. Bill Johnson pourrait commencer une Réforme avec ce livre!»

*Stacey Campbell*
*Co-fondateur de l'église New Life*
*et de l'organisation international «Praying the Bible»*

«Attention! Le contenu de ce livre va menacer le doute, l'incrédulité et la maladie présents dans votre vie et va faire exploser le niveau de votre attente de Dieu! De nombreux livres ont été pour moi source d'inspiration, mais *Quand le ciel envahit la terre* m'a lancé un véritable défi. Je vous garantis qu'une foi authentique va naître dans votre cœur et que vous serez transformés.»

*Jim W. Goll*
*Co-fondateur de l'organisation «Ministry to the Nations»*

«J'ai été véritablement édifié, éclairé et encouragé par la lecture du manuscrit de Bill Johnson, intitulé *Quand le ciel envahit la terre*. 2 Pierre 1.12 utilise l'expression «affermi dans la vérité présente». C'est exactement ce dont le pasteur Bill nous parle.

«La vérité présente», c'est ce que le Saint-Esprit fait en ce moment même et ce que le Seigneur nous dit aujourd'hui, pour notre époque. Un grand nombre de livres parlent de Jésus comme étant le «Grand J'étais» ou le «Grand Je serai». Le livre particulièrement vivant du Pasteur Bill met l'accent sur Jésus comme étant le «Grand Je suis».

J'aurais bien aimé avoir ce livre entre les mains il y a 50 ans, quand je démarrais dans le ministère, mais Esther 4.14 décrit ce sujet grâce à l'expression «pour une occasion comme celle-ci». Il est parlé ici d'*aujourd'hui*. Vous allez être enthousiasmés par les témoignages de miracles qui arrivent aujourd'hui. C'est un exemple puissant de la «vérité présente».

Merci, Pasteur Bill Johnson, pour avoir répandu ton cœur dans ton livre. *Quand le ciel envahit la terre* est l'accomplissement de la promesse d'1 Corinthiens 1.5: en toutes choses (y compris la lecture de ce livre), vous êtes enrichis par Dieu!»

*Dick Mills*
*Orateur international*

«C'est en tant qu'ami et pasteur que Bill Johnson m'a conduit dans la poursuite du royaume de Dieu. La passion qu'a Bill de voir le royaume de Dieu établi aujourd'hui sur terre est hautement contagieuse et pénètre chaque page de ce livre. À mon avis, *Quand le ciel envahit la terre* est un must que doivent lire tous ceux qui désirent une rencontre toute fraîche avec le Dieu vivant.»

*Larry Randolph*
*Orateur international*

«Dans son livre *Quand le ciel envahit la terre*, Bill Johnson montre aux gens qui ont désespérément soif d'une vie spirituelle plus abondante que tout est possible à celui qui vit en étant littéralement immergé dans le Saint-Esprit. Ce livre doit être lu par tous ceux qui désirent marcher dans le royaume surnaturel du Saint-Esprit, dans leur vie quotidienne. J'ai été tellement touché par le Seigneur en le lisant que ma foi a comme explosé! J'ai eu du mal à reposer ce livre.»

*Heidi G. Baker*
*Directrice de l'organisation «Iris Ministries»*

«Ce livre apporte une révélation à l'armée de Dieu et la fait entrer dans l'œuvre du royaume. Bill Johnson nous montre que le royaume de Dieu n'est pas seulement un royaume futur, mais une œuvre qui doit se faire ici et maintenant.»

*Cal Pierce*
*Directeur de l'organisation «Healing Rooms Ministries»*

«J'ai lu de nombreux livres qui parlaient de guérison et de miracles. Ce livre apporte beaucoup plus qu'une simple information sur la guérison. Il contient un enseignement et une révélation, ainsi que des clés pour vivre dans le surnaturel. Je suis convaincu que ce livre contient des vérités cachées et une révélation qui sont partagées dans ces derniers jours. Tous ceux qui veulent recevoir et exercer un ministère de puissance, de guérison, de signes et de prodiges se doivent de le lire.»

*Todd Bentley*
*Orateur international*
*Président de l'organisation «Fresh Fire Ministries»*

## Note de l'auteur

*Certains noms de personnes mentionnés dans ce livre ont été changés. J'ai procédé ainsi chaque fois qu'il m'a paru essentiel de préserver leur anonymat.*

# Préface

Quand j'ai envie de lire un nouveau livre, je me pose toujours deux questions : la vie de l'auteur est-elle en accord avec le message que ce dernier délivre ? Son ministère soutient-il ce qu'il déclare dans le livre ? Si l'on ne peut répondre clairement à ces deux questions par l'affirmative, je laisse le livre de côté.

Dans le cas du livre *Quand le ciel envahit la terre* et de Bill Johnson, je connaissais déjà l'auteur et son ministère, avant même de lire le manuscrit. C'est pourquoi, les questions mentionnées plus haut ayant déjà leurs réponses affirmatives, je me suis joyeusement mis à ma lecture.

C'est en 2001, quelques mois après la mort de ma femme, que j'ai exercé pour la première fois mon ministère dans l'église de Bethel, à Redding, en Californie. Bill Johnson en était le pasteur. J'avais entendu plusieurs cassettes de lui quelques mois avant mon arrivée à Bethel. Étant toujours plongé dans le deuil après 47 ans de vie commune avec mon épouse, je me suis vu particulièrement bien entouré, tout en exerçant mon ministère dans cette église. Pendant que j'enseignais à l'école du Ministère surnaturel, j'ai eu l'occasion de rencontrer des gens qui menaient une recherche radicale du royaume de Dieu. J'ai su alors que leur sujet était le royaume de Dieu et que ces sessions ne constituaient qu'une partie de leur formation. Le but de ces cours était de les préparer pour un ministère digne du royaume de Dieu. À la fin de la session, leur instructeur leur a dit: «Vous venez d'étudier le royaume. Eh bien maintenant, allez et pratiquez-le!» Et c'est ce qu'ils ont fait... dans les centres commerciaux, dans les rues, dans les librairies et dans les cafés-bars! Ils s'attendaient à des résultats, et ils en ont eus!

J'ai eu l'impression alors que ce groupe représentait parfaitement l'esprit de l'église de Bethel, qui semblait dire: «Cherchons le royaume, trouvons-le et proclamons ce que nous avons trouvé. Puis donnons-le aux autres!»

Lors de ma deuxième visite à l'église de Bethel, je venais juste d'apprendre que Jerry, ma fiancée, avait un cancer. Jerry, qui est maintenant ma femme, devait subir à l'époque une opération importante quelques jours seulement après notre visite à Bethel. Sur place, deux équipes de guérison ainsi qu'un membre de l'équipe pastorale et sa femme ont prié pour nous à plusieurs reprises et avec ferveur, chaque groupe ignorant les impressions des autres. L'expérience fut joyeuse, stimulante pour notre foi et propre à redonner confiance. Tous, en effet, me dirent: «Elle va vivre et t'accompagner dans un ministère encore plus grand.» L'opération eut donc lieu quelques jours plus tard, et aujourd'hui, Jerry est ma femme et elle m'accompagne dans le ministère, libérée du cancer. À nos yeux, l'expérience vécue à Bethel a été une démonstration de la valeur du message de ce livre.

La direction et la perspective adoptées par ce livre tient essentiellement en ces mots: «Ce qui arrive quand le ciel envahit la terre.» Le livre que vous lisez en ce moment n'appartient certainement pas à ce monde! Il nous parle de choses invisibles et pourtant plus réelles que les yeux qui lisent ces lignes. Il traite du royaume éternel, que nous ne voyons ni n'exprimons pas encore complètement, mais qui est déjà accessible et attend que tous —

individus ou groupes d'individus— obéissent à la parole de Jésus: « Cherchez premièrement le royaume de Dieu et sa justice, et tout cela vous sera donné par-dessus » (Matthieu 6.33).

J'aime *Quand le ciel envahit la terre* et je suis enthousiasmé de voir qu'il va maintenant apparaître sur la scène chrétienne. J'aime ce livre parce qu'il nous indique la réalité première dans un monde qui est surtout préoccupé par les réalités secondaires. Le lecteur de la Bible sait fort bien que l'Écriture définit la réalité première comme étant « invisible et éternelle », alors que la réalité secondaire est temporelle, c'est-à-dire qu'elle ne dure pas (voir 2 Corinthiens 4.18). Les croyances, les enseignements et le ministère de Bill Johnson sont centrés sur la réalité première, la réalité du royaume, et il considère cette réalité comme étant capable de changer la face de « ce que l'on voit. »

J'aime ce livre parce qu'il proclame sans la moindre excuse que la vie et la puissance du royaume sont des composants de la vie chrétienne normale. Ce que ce livre décrit n'est pas une expression quelque peu rare et exotique, qu'on ne verrait qu'en de rares occasions. C'est bien au contraire le battement de cœur du citoyen du royaume de Dieu, de sa vie et de son ministère.

J'aime ce livre parce qu'il présente la repentance ou le « changement de mentalité » comme une condition préalable pour voir et entrer dans le royaume de Dieu. Ce thème est abordé dans le contenu bref mais piquant du premier chapitre, et il est développé dans le chapitre trois.

J'aime ce livre parce qu'il constitue un appel à la révolution spirituelle pour changer la face du monde, et il raconte comment une église est en train de le faire en transformant son voisinage, sa ville et sa région « une personne à la fois. »

J'aime ce livre parce que la foi pratique (mais existe-t-il une autre sorte de foi?) y est clairement présentée comme étant ancrée dans l'invisible, et vivant pour passer de l'invisible au visible.

J'aime ce livre parce que son cadre, c'est le miraculeux! Ses premières pages, à l'instar de ce que Jésus a fait à Cana, s'enveloppent d'un miracle survenu lors d'un mariage, et ses dernières nous parlent de la guérison d'un enfant.

J'aime ce livre parce qu'il me défie de prier selon le royaume de Dieu, et qu'il fait de cela la porte d'accès à la puissance de Dieu et à la descente du ciel sur la terre. Comme il le fait pour toutes les autres vérités, le royaume de Dieu jette une lumière vraie et nouvelle sur la prière.

J'aime ce livre parce qu'il montre clairement les résultats pratiques et le fruit des signes et des miracles. Ce n'est pas que nous recherchions ces choses, mais nous avons reçu la promesse que des signes et des miracles accompagneraient ceux qui auront cru.

Enfin, j'aime ce livre parce qu'il me donne un intense désir de mieux connaître Dieu, de vivre en communion avec lui plus intimement et de travailler avec lui avec plus de puissance qu'auparavant. Ajoutez à cela une attente permanente de ce que l'avenir me réserve en particulier, et de ce qu'il réserve plus généralement au corps de Christ s'il fait connaître Christ au monde.

Je lis maintenant ce livre avec un regret véritable mais qui tend à s'estomper : j'aurais aimé qu'on me présentât un tel ouvrage il y a 55 ans, quand je me suis lancé dans le ministère. Ce regret s'estompe parce que je sais que Dieu peut m'aider à rattraper les années perdues ou frustrées par le manque de connaissance de ces choses.

C'est sans retenue dans l'attente de ce que la lecture de cet ouvrage provoquera dans votre vie que je vous le recommande, sans la moindre réserve. Lisez-le lentement, lisez-le complètement, et accomplissez ensuite ce que Dieu vous enseignera de faire. En conséquence, à mon avis, vous verrez le ciel envahir la terre dans votre vie !

*Jack Taylor*
*Président de l'organisation « Dimensions Ministries »*
*Melbourne (Floride, U.S.A.)*

Le livre de Bill Johnson *Quand le ciel envahit la terre* contient un message ô combien nécessaire à l'église d'aujourd'hui. Il lance un véritable défi à nos «vaches sacrées». À l'instar de Gédéon, Johnson a dû commencer par abattre les poteaux d'Achéra qui se trouvaient dans l'arrière-cour de l'église. Cet homme a reçu une mission : réveiller l'église. Depuis ma rencontre avec John Wimber, je n'avais jamais connu un homme qui avait compris à ce point la signification du message du royaume de Dieu. Je n'ai pas encore rencontré de pasteur qui soit aussi engagé envers l'«évangélisation en puissance» que Bill Johnson. Les histoires de guérisons et de miracles accomplis par les *«pauvres petits moi»* de son église locale sont tout à fait étonnantes. Ce livre ne parle pas d'une possibilité théorique quelconque ou d'une théologie de belles promesses, ou de quelque raisonnement qui insiste sur le manque de puissance de l'église. Non, bien au contraire : il offre des stratégies pratiques et déjà bien rôdées qui permettent de faire reculer le royaume des ténèbres et faire avancer le royaume de la lumière. J'aurais bien aimé rencontrer beaucoup plus tôt le pasteur Bill Johnson. Je pense que si tel avait été le cas, je serais bien plus avancé sur le chemin qui mène à la puissance du royaume de Dieu que je ne le suis aujourd'hui.

*Quand le ciel envahit la terre* est une lecture qui s'impose pour tout pasteur ou leader spirituel aujourd'hui. Ce livre a été écrit par un pasteur pentecôtiste de la cinquième génération. De quel meilleur milieu peut-on venir pour parler de l'action du Saint-Esprit, et en particulier des dons de guérisons. J'ai eu le privilège de rencontrer bon nombre de pasteurs des États-Unis et du Canada au cours de mes voyages, durant les neuf dernières années. À mon avis, le pasteur Bill Johnson a plus à dire sur le conception de l'«évangélisation en puissance» que tous les autres pasteurs qu'il m'a été donné de rencontrer. Bien qu'il appartienne aux Assemblées de Dieu et non au mouvement Vineyard, il a, plus que tout autre que je connaisse, la même ADN que John Wimber, surtout quand il s'agit de sa passion pour la guérison et l'activité du Saint-Esprit. C'est un pasteur radical, un grand enseignant et une voix apostolique pour l'Église moderne. Son message n'est pas la résonance d'un écho. C'est la voix de celui qui crie dans le désert: «Préparez le chemin pour le royaume de Dieu, car il est proche».

Ce livre est riche de déclarations puissantes que j'aurais bien aimé écrire. Un grand nombre de merveilleuses déclarations seront tirées de ce livre, telles que celle-ci: «L'une des tragédies d'une identité affaiblie est la manière dont elle affecte notre approche de l'Écriture. La plupart, sinon l'ensemble, des théologiens commettent l'erreur de prendre toutes les bonnes choses qui sont contenues dans les livres prophétiques et de les fourrer sous ce tapis mystérieux que l'on appelle le *Millénium*... Nous sommes tellement retranchés dans l'incrédulité que tout ce qui est contraire aux vues de ce monde (la conception dispensationnaliste d'une Église des derniers temps affaiblie) est considéré comme étant l'invention du diable».

Il y d'autres grandes déclarations dans ce livre: «L'incrédulité est ancrée dans ce qui est visible ou raisonnable, en dehors de Dieu. Elle honore le domaine du naturel comme étant supérieur à l'invisible. L'incrédulité, c'est la foi dans l'inférieur». Et celle-ci encore: «La foi vient de ce qu'on entend... Cela ne veut pas dire qu'elle vient de ce qu'on a entendu. C'est le cœur qui écoute, au présent, qui est prêt à recevoir le dépôt céleste de la foi... C'est l'écoute d'aujourd'hui qui est la clé de la foi».

*Quand le ciel envahit la terre* est un appel au réveil de l'Église. C'est un coup mortel porté au «cessationisme», un défi lancé au dispensationalisme et c'est un appel adressé aux héritiers du Pentecôtisme afin qu'ils retournent à leurs racines. Le livre est solidement fondé sur l'Écriture et il nous dévoile le cœur d'un homme qui aime non seulement l'Esprit, mais également la parole de Dieu. C'est en proposant une révélation toute fraîche que Bill Johnson nous ramène à l'Écriture et permet à cette dernière de nous parler tout à nouveau. Il nous oblige à voir ce que les Écritures disent vraiment, pour nous éviter de ne voir que ce que nos œillères théologiquement correctes nous permettent d'apercevoir.

J'ai attendu que Bill finisse ce livre pour pouvoir le mettre à la disposition du public sur mon stand, à la fin de mes réunions. Il a tellement de choses à dire que je fais tout pour assister à ses interventions quand nous voyageons ensemble, dans le cadre de notre ministère. Ses interventions sont trop riches pour qu'on les rate. En une époque si riche en principes et en stratégies, il est rafraîchissant d'entendre quelqu'un nous appeler à revenir à la stratégie de Jésus pour l'évangélisation.

*Randy Clark*
*Global Awakening Ministries*
*Orateur international*

# Introduction

Il y a quelques années, j'ai été témoin malgré moi d'une conversation qui m'a profondément bouleversé. Cela s'est passé au cours de la célébration du quatre-vingt dixième anniversaire de mon oncle David Morken. Plusieurs de ses collègues pasteurs étaient venus pour l'occasion, ainsi qu'un nombre important de membres de la famille. Dans sa jeunesse, mon oncle David avait fait le soliste pour Aimee Semple McPherson avant de partir comme missionnaire en Chine et à Sumatra. Plus tard, il devint l'un des collaborateurs de Billy Graham. Ce qu'il a réalisé dans sa vie est stupéfiant, mais là n'est pas le sujet.

Vers la fin de la soirée, j'ai aperçu plusieurs des frères les plus âgés qui étaient assis ensemble et qui parlaient. Comprenant que le sujet qu'ils discutaient était l'effusion du Saint-Esprit dans le ministère d'Aimee Semple McPherson, je n'ai pas pu m'empêcher de prêter une oreille indiscrète à la conversation. Avec un enthousiasme digne d'un jeune, l'un d'entre eux disait à un autre: «C'était comme le ciel sur la terre.» Ils étaient donc là, quelque 70 ans après les événements, les yeux étincelant du souvenir de faits dont les autres ne rêvent que rarement. Leur expérience était devenue le critère par lequel tous les autres temps étaient mesurés. J'en étais comme transpercé.

Mon cœur brûle du désir de voir Dieu agir. Je vis pour le réveil qui se déclenche aujourd'hui et je crois qu'il va surpasser tous les mouvements précédents de l'Esprit mis ensemble, amenant plus d'un millard d'âmes dans le royaume de Dieu. Cependant, rien qu'un instant, j'aimerais pouvoir remonter le temps.

Étant un pasteur de la cinquième génération du côté de mon père, et de la quatrième du côté de ma mère, j'ai grandi en entendant parler des grands mouvements de l'Esprit. Mes grands-parents ont bénéficié du ministère de Smith Wigglesworth et d'autres grands hommes de réveil. (Je me souviens de mon grand-père qui disait: «Tout le monde n'aimait pas Wigglesworth.» Bien évidemment, il est très populaire aujourd'hui. Israël aimait également ses prophètes, après leur mort).

Mes grands-parents Morken reçurent le baptême dans le Saint-Esprit respectivement en 1901 et 1903, et ils aimaient parler de ce qu'ils avaient vu et expérimenté. Ils sont au ciel depuis plus de 25 ans. J'aurais bien aimé avoir encore une fois la chance d'entendre leurs histoires et de leur poser les questions que je ne leur ai jamais posées dans ma jeunesse. Cela prendrait une toute autre valeur pour moi, maintenant.

La quête dont je parle dans ce livre a commencé il y a de nombreuses années. J'avais alors besoin de voir l'Évangile en vie comme sur le papier. Pour moi, il s'agissait avant tout d'une question de fidélité envers Dieu. Cependant, je me suis bien vite rendu compte qu'une telle quête avait un prix. De nombreux malentendus se font jour lorsque nous poursuivons ce que les autres ignorent.

Je ne parvenais pas à limiter mes valeurs et mes quêtes à ce qui satisfaisait les autres.

Étant possédé par une promesse, je vis sans options. Je passerai le restant de mes jours à explorer ce qui peut arriver par la vie de celui qui veut cultiver un appétit d'origine divine lui permettant de voir les impossibilités s'incliner devant le nom de Jésus. Tous mes œufs sont dans le même panier. Je n'ai pas de «plan B». C'est dans cette position que j'écris.

# La vie
## chrétienne normale

## CHAPITRE 1

*Il est anormal qu'un chrétien n'ait pas d'appétit*
*pour l'impossible. Notre ADN spirituelle porte cette faim*
*de voir les impossibilités qui nous entourent*
*se prosterner devant le nom de Jésus.*

Par un samedi froid et pluvieux, les bus de l'église furent envoyés dans les quartiers déshérités de Redding, notre ville, pour recueillir les sans-logis et les pauvres. Anticipant leur retour, les époux préparèrent un repas en leur honneur. Ils avaient décidé que les nécessiteux seraient les invités d'honneur de leur mariage.

Ralph et Colleen s'étaient rencontrés pendant qu'ils travaillaient avec nous, dans le ministère auprès des pauvres. Ils avaient la même passion pour Dieu et un véritable amour pour les nécessiteux. S'il est habituel pour les époux de déposer leur liste de mariage dans de beaux magasins, Ralph et Colleen procédèrent autrement, et sur leur liste de mariage à eux, ils inscrivirent des vestes, des chapeaux, des gants et des sacs de couchage... pour leurs *invités*. À coup sûr, ce ne serait pas un mariage traditionnel.

Lors de notre rendez-vous prénuptial, ils m'encouragèrent à être sensibles au Saint-Esprit au cas où il voudrait guérir des gens pendant le mariage. Si je recevais une parole de connaissance pour la guérison, je devrais interrompre la cérémonie et prier pour les malades. En tant que pasteur, j'étais particulièrement enthousiaste à l'idée de ce qui pouvait arriver. Ils avaient ainsi créé une trop grande occasion pour Dieu d'opérer un *miracle* pour qu'il ne fasse rien d'extraordinaire.

La cérémonie commença. À part un moment de louange assez long, suivi d'un message d'évangélisation et d'une prière pour le salut, la cérémonie se termina de manière plutôt normale.

C'est assez différent de voir parmi les membres de la famille et les amis des époux des gens qui sont venus là uniquement pour manger. Il n'y avait là rien de mal. Mais c'était différent. Après la cérémonie, les époux se dirigèrent tout de suite vers la salle de réception, s'installèrent derrière la table et servirent la nourriture à leurs invités. Le repas était excellent. Les affamés furent rassasiés, et Dieu était satisfait.

Cependant, avant que le mariage eût même commencé, deux ou trois personnes vinrent me trouver pour me dire, l'air tout excité : «Il y a quelqu'un ici qui n'a plus que deux ans et demi ou trois à vivre!» Nous avions franchi un cap important. Les miracles de guérison étaient devenus monnaie courante... au point qu'une maladie qui mettait une vie en jeu prenait plus des allures de miracle potentiel que d'un sujet de crainte. Et pour moi, c'est déjà un rêve qui se réalise : il y a en Amérique du Nord des gens qui *s'attendent* à ce que Dieu fasse des choses surnaturelles.

## Le miracle continue

Il s'appelait Luc. Comme la plupart des gens des rues, il était venu au mariage avec sa femme Jennifer parce qu'on allait y servir à manger. Luc avait du mal à marcher. Il s'appuyait sur une canne. Il portait également des appareils sur les bras et une minerve autour du cou.

À la fin du repas, mon frère Bob et moi-même les avons emmenés avec nous dans la cuisine de l'église, et nous lui avons demandé pourquoi il portait tous ces appareils. Il nous a alors expliqué que son problème était le syndrome du tunnel carpien. Je lui ai demandé s'il accepterait d'enlever ses appareils et que nous prions pour lui. Il a accepté. (Chaque fois que cela est possible, j'aime bien faire enlever à la personne tout ce en quoi elle risque de mettre sa confiance au lieu de la mettre en Dieu). Il l'a donc fait, et nous avons posé nos mains sur ses poignets, en commandant au *tunnel* de s'ouvrir et à tout engourdissement et douleur de s'en aller. Il a alors pu bouger normalement ses mains et expérimenter la guérison qu'il venait de recevoir.

Quand nous lui avons demandé pour sa canne et le problème apparent de sa jambe, il nous a expliqué qu'il avait eu un terrible accident. Il avait donc maintenant une hanche et un tibia artificiels, et avait même perdu la moitié d'un poumon. Sa démarche était pénible et douloureuse. Quand les chirurgiens le remirent sur pied, sa jambe avait raccourci de deux centimètres et demi. Je l'ai fait asseoir et je leur ai dit à tous les deux de bien observer ce que Dieu allait faire. Il a mis ses jambes de manière à ce qu'ils voient tous les deux où était le problème et à ce qu'ils puissent reconnaître un éventuel changement. Nous avons ordonné à la jambe de s'allonger. Et elle l'a fait. Quand il s'est mis debout, il a bougé son corps de gauche à droite, comme s'il essayait une nouvelle paire de chaussures. Puis il a dit: «Oui, ça va parfaitement». La réaction des gens qui découvrent la foi est terre-à-terre... et très rafraîchissante. Je lui ai demandé de marcher à travers la pièce, ce qu'il a fait avec plaisir, sans boiter et sans ressentir la moindre douleur. Dieu était à l'œuvre. Il a rajouté deux ou trois centimètres d'os et a ôté toute douleur du corps de Luc, causée par son accident.

Puis nous avons parlé à Luc de son cou. Il m'a expliqué que c'était le cancer et qu'on ne lui donnait que deux ans à vivre. Il m'expliqua que la minerve était rendue nécessaire parce qu'il n'avait plus de muscles dans le cou. En fait, la minerve tenait la tête en place. Un groupe de fidèles était maintenant autour de nous, non pour observer la scène, mais pour participer. À ma demande, il a retiré sa minerve tandis qu'un membre de notre église, un médecin, lui tenait la tête. Nous avons commencé à prier, et j'ai soudain entendu le médecin qui ordonnait aux muscles de croître. Il les appelait par leurs noms latins. J'étais plutôt impressionné. À la fin de la prière, Luc s'est mis à tourner la tête de droite à gauche. Tous les muscles avaient été restaurés. Il a ensuite posé sa main sur le côté de son cou et s'est écrié: «Les kystes sont partis!»

Son médecin l'a déclaré en parfaite santé, et d'autres miracles sont venus s'ajouter chez lui à celui de sa guérison physique. Luc et Jennifer ont commencé à servir Jésus comme leur Seigneur et Sauveur. Quelques semaines plus tard, Luc a trouvé un travail, ce qui ne lui était plus arrivé depuis 17 ans. Jésus guérit l'être entier.

## Un jour comme les autres

Si ce genre de mariage reste inhabituel, la recherche par notre église des pauvres et des miracles est courante. Cette histoire est authentique, et elle ressemble beaucoup plus à la vie chrétienne normale qu'à ce que l'Église expérimente *d'habitude*. Le manque de miracles n'est pas dû au fait qu'ils ne seraient pas la volonté de Dieu. Le problème se situe entre nos oreilles. Par conséquent, il nous faut une transformation, un *renouvellement de notre intelligence*, ce qui n'est possible que par l'intermédiaire de cette œuvre de l'Esprit qui se manifeste souvent chez les gens désespérées.

Bien qu'ayant fait preuve d'un noble comportement, les époux dont nous avons parlé plus haut sont des gens ordinaires, mais qui servent un Dieu extravagant. Le seul grand personnage de cette histoire, c'est Jésus. Quant à nous autres, nous nous sommes simplement contentés de faire toute la place à Dieu, confiants dans le fait qu'il serait excellent 100 % du temps. Les risques que les époux prirent ce jour-là étaient trop élevés pour que Dieu laisse passer. Au milieu même de cette cérémonie de mariage, Dieu a envahi un foyer où sévissait la maladie venue de l'enfer et il a rendu témoignage à sa gloire.

Les histoires de ce genre deviennent maintenant la norme, et les gens qui nous ont rejoints dans cette quête d'un Évangile authentique — l'Évangile du Royaume — sont de plus en plus nombreux. Aimer Dieu et son peuple est un honneur. Nous ne trouverons plus d'excuse pour le manque de puissance pour la bonne et simple raison que le manque de puissance est inexcusable. Notre mission est simple : susciter une génération qui soit capable de démontrer la puissance de Dieu à l'état brut. Ce livre parle en détails de ce périple... de cette quête pour le Roi et son royaume.

> «Le royaume de Dieu ne consiste pas en paroles, mais en puissance.»[1]

> «Cherchez premièrement le royaume de Dieu.»[2]

# Notes

1. 1 Corinthiens 4.20.
2. Matthieu 6.33.

# La mission restaurée

## CHAPITRE 2

«*Jésus de Nazareth, cet homme approuvé de Dieu
devant vous par les miracles, les prodiges et les signes
que Dieu a faits par lui au milieu de vous...*»[1].

J ésus n'était pas capable de guérir les malades. Il n'était
pas plus capable de libérer ceux qui étaient tourmentés
par des démons ou de ressusciter des morts. Croire autre chose,
c'est ignorer ce qu'il a dit de lui-même, et ce qui est plus important,
passer à côté du dessein et de la restriction qu'il s'était imposé à
lui-même : vivre comme un homme.

Jésus-Christ a dit de lui-même : «Le Fils ne peut rien faire par
lui-même»[2]. Dans la langue grecque, le mot «rien» a une
signification unique : il signifie RIEN, tout comme dans les autres
langues! Jésus n'avait AUCUNE capacité surnaturelle, quelle
qu'elle soit! Alors qu'il était cent pour cent Dieu, il a choisi de
vivre avec les mêmes limitations que l'homme, après sa
rédemption. Il l'a dit clairement, et à maintes reprises.

Jésus est devenu le modèle de tous ceux qui embrasseraient l'invitation à envahir l'impossible en son nom. Il a accompli des miracles, des prodiges et des signes, dans la position d'un homme qui avait une relation juste avec Dieu... mais pas dans celle de Dieu. S'il avait accompli des miracles parce qu'il était Dieu, ces derniers seraient alors hors de notre portée. Si, par contre, il les a accomplis en tant qu'homme, je dois maintenant assumer la responsabilité de vivre comme lui. Quand on saisit cette simple vérité, cela change tout... et cela rend possible la pleine restauration du ministère de Jésus au sein de son Église.

Quelles étaient les marques distinctives de son humanité?

1. Aucun péché ne le séparait du Père.
2. Il dépendait entièrement de la puissance du Saint-Esprit.

Quelles sont les marques distinctives de notre humanité?

1. Nous sommes des pécheurs purifiés par le sang de Jésus. Par son sacrifice, il a réglé avec succès le problème posé par la puissance et les conséquences du péché pour tous ceux qui croient. Rien ne nous sépare plus du Père. Seule, une question demeure encore...
2. Jusqu'à quel point sommes-nous prêts à vivre en dépendant du Saint-Esprit?

## La mission originale

L'épine dorsale de l'autorité et de la puissance du royaume de Dieu se trouve dans la *mission d'évangélisation*. La découverte de la mission originale et du dessein initial de Dieu pour l'humanité peut nous aider dans notre détermination à vivre de manière à changer l'histoire. Pour trouver cette vérité, nous devons retourner au commencement.

L'homme a été créé à l'image de Dieu et placé dans ce qui constituait l'expression suprême de la beauté et de la paix: le jardin d'Eden. Hors du jardin, tout était différent. Il manquait l'ordre et la bénédiction qui régnaient à l'intérieur, et il y avait un grand besoin de l'attouchement de celui à qui Dieu avait donné délégation: Adam.

Adam et Ève ont été placés dans le jardin avec une mission. Dieu leur dit: «Soyez féconds, multipliez, remplissez la terre et soumettez-là»[3]. L'intention de Dieu était qu'en mettant au monde plus d'enfants, qui vivraient eux aussi sous l'autorité de Dieu, ils étendraient ainsi les limites de son jardin (son gouvernement) dans la simplicité de leur attachement à Dieu. Plus il y aurait d'êtres humains vivant dans une juste relation avec Dieu, plus leur leadership aurait d'impact. Ce processus serait appelé à se perpétuer jusqu'à ce que la terre entière soit couverte de la glorieuse autorité de Dieu, exercée par le moyen de l'homme.

Mais en Genèse 1, nous découvrons que l'univers n'était pas parfait. Satan s'était déjà rebellé et avait été rejeté hors du ciel. En compagnie d'un certain nombre d'anges déchus rejetés avec lui, il prit possession de la terre. On comprend aisément pourquoi le reste de la planète devait maintenant être assujetti: il demeurait sous l'influence des ténèbres.[4] Dieu aurait pu détruire le diable et son armée. Il lui suffisait pour cela d'une simple parole. Mais il a préféré vaincre les ténèbres par l'autorité qu'il avait déléguée, en l'occurrence par ceux qu'il avait créés à son image, et qui aimaient Dieu de par leur libre choix.

## Un véritable roman

Le Dieu souverain nous a donnés — à nous, les enfants d'Adam — la responsabilité de la planète terre. «Les cieux sont les cieux de l'Éternel, mais il a donné la terre aux êtres humains»[5]. Cet honneur important a été donné parce que l'amour choisit toujours le meilleur. Ainsi a commencé le roman de notre création... à son image, *pour vivre dans son intimité*, afin que la souveraineté fût exprimée par le moyen de l'amour. C'est en partant de cette révélation que nous devons apprendre à marcher comme ses ambassadeurs, en vainquant «le prince des ténèbres». La scène avait été installée pour que l'ensemble des ténèbres s'écroule au fur et à mesure que l'homme exercerait son influence d'origine divine sur la création. Mais c'est le contraire qui est arrivé: l'homme a chuté.

Ce n'est pas avec violence que satan est entré dans le jardin d'Eden, et qu'il s'est saisi d'Adam et d'Ève. Il ne le pouvait pas! Pourquoi? Parce qu'il n'y disposait d'aucune autorité. L'autorité donne du pouvoir. Or, puisque l'homme avait reçu les clés de l'autorité sur la planète, si le diable voulait récupérer cette autorité, il fallait qu'il la reçoive de l'homme. En suggérant à Adam et Ève de manger le fruit défendu, satan cherchait tout simplement à obtenir leur accord pour s'opposer à Dieu, et recevoir l'autorité. C'est grâce à cet accord qu'il peut tuer, voler et détruire. Il est important de réaliser qu'aujourd'hui encore, satan a un pouvoir qu'il a obtenu avec l'accord de l'homme.

L'autorité que l'homme avait reçue a été perdue quand Adam a mangé le fruit défendu. Paul a écrit: «Vous êtes esclaves de celui à qui vous obéissez»[6]. Par ce seul acte, l'homme est devenu l'esclave et la possession du Méchant. Tout ce qu'Adam possédait, y compris l'acte de propriété de la planète et la position d'autorité qui l'accompagnait, est devenu partie intégrante du butin du diable. Le plan élaboré d'avance par Dieu pour la rédemption de l'homme est alors entré en jeu: «Je mettrai inimitié entre toi et la femme, entre ta descendance et sa descendance: celle-ci t'écrasera la tête, et tu lui écraseras le talon»[7]. Jésus viendrait un jour réclamer tout ce qui fut perdu.

## Il n'y avait pas de raccourcis vers sa victoire

Le plan de Dieu qui conférait à l'homme l'autorité n'a jamais cessé. Jésus est venu porter le châtiment de l'homme pour son péché et reconquérir ce qu'il avait perdu. Luc 19.10 dit que Jésus est venu «chercher et sauver ce qui était perdu». Il n'y avait pas que l'homme qui était perdu à cause du péché, mais également son autorité sur la planète. Jésus est venu pour reconquérir les deux. Satan a essayé de ruiner ce plan, à la fin du jeûne de quarante jours de Jésus. Satan savait très bien qu'il ne méritait pas l'adoration de Jésus, mais il savait également que Jésus était venu pour réclamer l'autorité dont l'homme avait fait cadeau à satan. Ce dernier lui dit:

«Je te donnerai tout ce pouvoir, et la gloire de ces royaumes; car elle m'a été remise, et je la donne à qui je veux. Si donc tu te prosternes devant moi, elle sera toute à toi.»[8] Notez cette phrase: «car elle m'a été remise». Satan ne pouvait pas la voler. Elle avait été abandonnée quand Adam avait renoncé à l'autorité que Dieu lui avait donnée. C'était comme si satan disait à Jésus: «Je sais pourquoi tu es venu. Tu sais ce que je veux. Adore-moi et je te redonnerai les clés». En réalité, satan a offert à Jésus de prendre un raccourci pour atteindre son but, qui était de reprendre les clés de l'autorité que l'homme avait perdue avec le péché. Jésus a dit «non» à ce raccourci et il a refusé de rendre honneur à satan. (C'est ce même désir d'adoration qui a causé la chute de satan des cieux, au tout début.[9]) Jésus a suivi son chemin, car il était venu pour mourir.

Le Père voulait que satan soit vaincu par l'homme... un homme fait à son image. Jésus, qui voulait verser son sang pour racheter l'humanité, s'est vidé de tous ses droits divins et il a revêtu les limitations de l'homme. Satan a été vaincu par un homme — le Fils de l'homme — qui avait une relation juste avec Dieu. Aujourd'hui, les hommes qui acceptent l'œuvre que Christ a accomplie sur la croix pour leur salut sont greffés sur cette victoire. Jésus a vaincu le diable par sa vie exempte de péché et, par la résurrection, il s'est relevé avec en mains les clés de la mort et de l'enfer.

## Nous sommes nés pour gouverner

En rachetant l'homme, Jésus a récupéré ce que l'homme avait abandonné. Du trône de son triomphe, il a déclaré: «Tout pouvoir m'a été donné dans le ciel et sur la terre. Allez... ».[10] En d'autres termes: *J'ai tout récupéré. Maintenant, utilisez cela et réclamez l'humanité.* Dans ce passage, Jésus accomplit la promesse qu'il avait faite aux disciples, quand il avait dit: «Je te donnerai les clés du royaume des cieux».[11] Le plan original n'a jamais été abandonné. Il a été accompli une fois pour toutes par la résurrection et l'ascension de Jésus. Ainsi, nous avons pu être rétablis dans son plan de gouvernement humain, en tant que créatures divines faites à son image. C'est en tant que tels que nous devions apprendre comment faire valoir la victoire obtenue au Calvaire. «Le Dieu de paix écrasera bientôt satan sous vos pieds.»[12]

Nous sommes nés pour commander à la création et aux ténèbres, pour piller l'enfer et pour établir la souveraineté de Jésus partout où nous allons en prêchant l'Évangile du royaume. *Royaume* signifie *domaine du roi*. Dans le dessein original de Dieu, l'homme devait régner sur la création. Maintenant que le péché était entré dans le monde, la création était infectée par les ténèbres, c'est-à-dire la maladie, les esprits d'infirmité, la pauvreté, les catastrophes naturelles, l'influence des démons, etc. Nous devons toujours régner sur la création, mais maintenant ce règne se concentre sur l'exposition et la destruction des œuvres du diable. Pour parvenir à cette fin, nous devons donner ce que nous avons reçu.[13] Si je reçois vraiment le pouvoir par une rencontre avec le Dieu tout-puissant, je suis équipé pour le redonner. L'irruption de Dieu dans les situations impossibles se concrétise par le moyen d'un peuple qui a reçu son pouvoir d'en-haut et qui a appris à l'exercer dans les circonstances de la vie.

## La clé de David

L'Évangile du salut doit affecter l'être humain entier: son esprit, son âme et son corps. John G. Lake a appelé cela le *salut trinitaire*. Une étude du mot *malin* confirme le but avoué de la rédemption. Le mot se trouve dans Matthieu 6.13: «Délivre-nous du Malin». Le mot *malin* représente l'intégralité de la malédiction que le péché fait peser sur l'homme. *Poneros*, le mot grec traduit en français par «malin», vient du mot *ponos*, qui signifie «douleur». Ce mot vient lui-même de la racine *penes*, qui signifie «pauvre». Considérez bien cela: *malin*-péché, *douleur*-maladie et *pauvre*-pauvreté. Jésus a détruit le pouvoir du péché, la maladie et la pauvreté par l'œuvre rédemptrice qu'il a accomplie sur la croix. Lorsqu'ils ont reçu la mission d'assujettir la terre, Adam et Ève étaient sans maladie, sans pauvreté et sans péché. Maintenant que nous sommes rétablis dans le dessein original de Dieu, pouvons-nous nous attendre à moins? Après tout, nous appelons cela l'alliance supérieure!

Nous avons reçu les clés du royaume[14], ce qui sous-entend entre autres choses l'autorité de «marcher sur toute la puissance de l'ennemi».[15] Nous trouvons une application unique de ce principe dans l'expression «la clé de David»[16], qui est mentionnée à la fois dans l'Apocalypse et dans Ésaïe. Le dictionnaire biblique d'Unger déclare: «Le pouvoir conféré par les clés consistait non seulement dans la supervision des chambres royales, mais également dans l'autorité permettant de décider qui était ou non autorisé à être accepté dans le service du roi».[17] Tout ce que le Père possède nous appartient par l'intermédiaire de Christ. Sa chambre du trésor avec toutes ses ressources et ses appartements royaux sont à notre disposition pour l'accomplissement de sa grande mission d'évangélisation du monde. Mais la partie la plus sérieuse de cette illustration, c'est le *contrôle des personnes qui sont autorisées à voir le roi*. N'est-ce pas ce que nous faisons avec l'Évangile? Quand nous le proclamons, nous donnons aux gens l'occasion de venir auprès du roi pour être sauvés. Quand nous gardons le silence, nous choisissons de tenir ceux qui écouteraient à l'écart de la vie éternelle. Comme c'est sérieux! Il a coûté cher à Jésus d'acheter cette clé, et cela nous coûte cher de l'utiliser. Mais il coûte encore plus cher de *l'enterrer et de ne pas permettre ainsi que le royaume de Dieu s'étende*. Cela risque de coûter vraiment cher, pour toute l'éternité.

## Une révolution identitaire

Il est grand temps de faire subir à notre vision une véritable révolution. Quand des prophètes nous disent: *votre vision est trop petite*, un grand nombre d'entre nous pensent alors que le remède consiste à augmenter les chiffres que nous attendons. Exemple: si nous nous attendons à dix nouvelles conversions, nous devons changer cela et nous attendre à cent nouvelles conversions. Si nous priions pour des villes, nous devons prier maintenant pour des nations. En réagissant ainsi, nous passons à côté du vrai sens du mot que nous répétons si souvent. Le seul fait d'augmenter les chiffres n'est pas forcément le signe d'une vision plus large et qui se place dans la perspective divine. La vraie vision part d'une identité et d'un dessein. Si notre identité passe par une véritable révolution, nous pourrons penser en termes de dessein divin. Mais un tel changement ne peut avoir lieu que si nous recevons une révélation de lui.

L'une des tragédies qu'engendre une identité affaiblie consiste dans la manière dont cela affecte notre approche de l'Écriture. La plupart, sinon l'intégralité des théologiens, commettent l'erreur de prendre *tout ce qu'il y a de bon* dans les prophètes et de l'enfouir sous le tapis mystérieux que l'on appelle le *Millénium*. Je n'ai pas l'intention de débattre de ce sujet maintenant. Je tiens cependant à parler de notre tendance à remettre à plus tard ce qui nécessite du courage, de la foi et de l'action. L'idée erronée est la suivante : si c'est bon, ce ne peut pas être pour maintenant.

L'une des pierres angulaires de cette théologie est que l'état de l'Église ira toujours en empirant. Ainsi donc, la tragédie interne à l'Église n'est qu'une preuve de plus que nous vivons les derniers jours. En déformant le sens des choses, on finit par dire que la faiblesse de l'Église confirme à la plupart des gens qu'ils sont du bon côté. Pour eux, le monde va de plus en plus mal et l'Église devient pour eux la preuve que tout va bien. J'ai beaucoup de problèmes avec cette manière de raisonner, mais je n'en mentionnerai qu'un pour l'instant : *il n'exige pas la moindre foi !*

Nous sommes tellement retranchés dans l'incrédulité que nous considérons toute idée qui va à l'encontre de cette vision du monde comme provenant du diable. Ainsi en va-t-il, par exemple, de l'idée selon laquelle l'Église doit exercer une influence dominante avant le retour de Jésus. C'est comme si nous voulions défendre *de justesse* notre droit à être peu importants en nombre. Il est dangereux d'embrasser un système de croyances qui ne requiert aucune foi. C'est contraire à la nature même de Dieu et à tout ce que les Écritures déclarent. Puisqu'il a l'intention de faire «infiniment au-delà de tout ce que nous demandons ou pensons» (Éphésiens 3.20), ses promesses défient naturellement notre intellect et nos attentes. «[Jérusalem] n'a pas songé à son sort final ; sa déchéance a été prodigieuse.»[18] Nous ne pouvons pas nous permettre de risquer les conséquences de l'oubli de ses promesses.

Nous sommes beaucoup plus souvent convaincus de notre *indignité* que nous ne le sommes de sa *dignité*. Notre *incapacité* nous attire beaucoup plus que sa *capacité*. Mais celui-là même qui a appelé le *craintif Gédéon* «vaillant héros» et l'*instable Pierre* une «pierre» nous a appelés le corps de son Fils bien-aimé sur terre. Il faut que cela compte pour quelque chose.

Dans le prochain chapitre, nous verrons comment utiliser un don pour manifester son royaume, afin que le ciel puisse toucher la terre.

# Notes

1. Actes 2.22.
2. Jean 5.19.
3. Genèse 1.28.
4. Genèse 1.2.
5. Psaume 115.16.
6. Romains 6.16.
7. Genèse 3.15.
8. Luc 4.6-7.
9. Ésaïe 14.12.
10. Matthieu 28.18-19.
11. Matthieu 16.19.
12. Romains 16.20.
13. Voir Matthieu 10.8.
14. Voir Matthieu 16.19.
15. Voir Luc 10.19.
16. Ésaïe 22.22 ; Apocalypse 3.7.
17. Dictionnaire biblique d'Unger, page 629, «Key», Moody Press, 1957 (Chicago, U.S.A.).
18. Lamentations de Jérémie 1.9.

# Repentez-vous
## et voyez

CHAPITRE 3

*La plupart des chrétiens se repentent suffisamment
pour être pardonnés, mais pas assez
pour voir le royaume de Dieu.*

Israël s'attendait à ce que, lors de sa venue, son Messie règne sur tous les autres rois de la terre. Et c'est ce qu'il a fait. Cependant, par méconnaissance de ce que devait être la grandeur dans son royaume, ils eurent toutes les peines du monde à comprendre comment il pouvait naître sans fanfare terrestre et devenir le serviteur de tous.

Ils s'attendaient à le voir régner avec un bâton de fer. Ils se disaient que, par ce moyen, ils se vengeraient de tous ceux qui les avaient opprimés au cours des siècles. Ils ne réalisaient pas que sa vengeance ne serait pas tant dirigée contre les ennemis d'Israël que contre les ennemis de l'homme, à savoir le péché, le diable et ses œuvres, et les attitudes des chefs religieux qui croyaient en leur propre justice.

35

C'est ainsi que Jésus le Messie est venu... avec son lot de surprises. Seuls ceux qui avaient le cœur repentant purent suivre le rythme de *son constant débordement hors des lignes* et ne pas s'en offusquer. Son dessein, il le révéla clairement dès son premier message : « Repentez-vous car le royaume des cieux est proche ».[1] Il s'agit vraiment d'une chose qui les prit complètement au dépourvu. Il amenait en fait son propre monde avec lui.

## Plus que les larmes

La repentance va bien au-delà du simple fait de pleurer sur son péché, ou même de se détourner de ses péchés pour suivre Dieu. En réalité, le fait de se détourner de son péché pour se tourner vers Dieu est davantage le *fruit* d'une vraie repentance que le fait en lui-même. Se repentir signifie *changer sa manière de penser*. Et c'est seulement lorsque nous changeons notre manière de penser que nous pouvons découvrir ce qui est au cœur du ministère de Jésus : le royaume de Dieu.

Il ne s'agit pas seulement d'un mandat céleste pour entretenir des pensées heureuses. L'obéissance à ce commandement n'est possible que pour ceux qui s'abandonnent à la grâce de Dieu. L'intelligence renouvelée est le fruit de l'abandon du cœur.

## Un demi-tour

On définit souvent la repentance comme *un demi-tour*. Ce qui sous-entend que jusqu'à maintenant, je suivais une certaine direction et que dorénavant, j'en suis une autre. L'Écriture illustre ce fait de la manière suivante : « Repentance des œuvres mortes, foi en Dieu. »[2] La foi est alors à la fois la couronne et celle qui rend possible la repentance.

Ce commandement a été prêché avec force ces dernières années. C'est un message d'une nécessité absolue. Le péché caché est à l'heure actuelle *le tendon d'Achille* de l'Église. Il nous a tenus à l'écart de la pureté qui engendre l'audace et la vraie foi. Mais aussi noble que soit cet objectif, le message prêché n'a pas été à la hauteur. Dieu veut beaucoup plus pour nous que *le simple fait de*

*passer en dehors du rouge.* Il veut que *nous fassions des bénéfices !*
La repentance n'est complète que si elle a la vision du royaume.

## Co-ouvriers avec Christ

Le cœur même de la repentance, c'est de changer notre manière
de penser jusqu'à ce que la présence de son royaume remplisse
notre être conscient. Les tentatives de l'ennemi visant à ancrer nos
affections sur les choses qui sont visibles peuvent être contrecarrées
si nos cœurs sont pleinement conscients de la présence du royaume
de Dieu. Une telle prise de conscience nous aidera à devenir co-
ouvriers avec Christ, et à *détruire les œuvres du diable avec lui.*[4]

Si le royaume est affaire d'*ici et maintenant*, nous devons
admettre qu'il se manifeste dans le monde invisible. Cependant, le
fait qu'il soit *proche* nous rappelle qu'il est également *à notre
portée.* Paul a écrit que le royaume invisible est éternel, tandis que
ce qui peut être vu n'est que provisoire.[5] Jésus a dit à Nicodème
qu'il lui fallait naître de nouveau pour *voir* le royaume.[6] Ce qui est
invisible ne peut être réalisé que par la *repentance.* C'est comme
s'il disait : «Si vous ne changez pas votre manière de percevoir les
choses, vous passerez toute votre vie en pensant que ce que vous
voyez naturellement est la réalité supérieure. Si vous ne changez
jamais votre manière de voir les choses, vous ne verrez jamais le
monde qui est juste devant vous. Ce monde, c'est le mien, et il est
l'accomplissement de tous vos rêves. Et je l'ai amené avec moi».
Tout ce qu'il a fait dans sa vie et son ministère, il l'a fait en puisant
dans cette réalité *supérieure.*

## Vivre en fonction de l'invisible

«La gloire de Dieu, c'est de cacher les choses ; la gloire des rois,
c'est de scruter les choses.»[7] Il est des choses que seuls *les
désespérés* peuvent découvrir. Cette attitude propre au royaume qui
a une immense valeur[8] est la marque même du cœur qui s'attache
à la vraie *réalité du royaume.*[9] Le Dieu qui a placé l'or dans la roche
a apporté son royaume avec lui, mais il l'a laissé sous une forme
invisible.

Paul a traité ce sujet dans sa lettre aux Colossiens. Il nous y informe que Dieu a caché notre vie abondante en Christ.[10] Où est-il? Il est «assis à la droite du Père, dans les lieux célestes».[11] Notre vie abondante est cachée dans le royaume de Dieu. Et seule la foi peut faire les retraits.

## Le domaine royal

Considérez un instant le mot *royaume*. Il nous parle du *domaine du roi*, synonyme d'*autorité* et de *seigneurie*. Jésus est venu offrir les bienfaits de son monde à tous ceux qui se soumettent à son règne. Le monde de la domination divine, le monde de la toute providence, est celui que l'on appelle le royaume de Dieu. Les bienfaits de son royaume ont été illustrés par ses œuvres de pardon, de délivrance et de guérison.

La vie chrétienne a été attelée à ce but, et mise en paroles dans la prière modèle du Seigneur:

«Que ton règne vienne; que ta volonté soit faite sur la terre comme au ciel.»[12] Sa domination se matérialise lorsque ce qui se passe sur terre est *semblable à ce qu'il y a dans le ciel*. (Nous en reparlerons plus en détails dans le chapitre 4).

## Le plus grand sermon

Dans Matthieu 4, nous voyons Jésus proclamer pour la première fois le message de la repentance. Les gens venaient de partout, amenant avec eux les malades, les tourmentés et les handicapés. Et Jésus les guérissait tous.

Après avoir accompli ces premiers miracles, il a prononcé le plus célèbre sermon de tous les temps: le sermon sur la montagne. Il est important de se rappeler que ce groupe d'auditeurs venait de voir Jésus guérir toutes sortes de maladies et accomplir de puissantes délivrances. Peut-on concevoir qu'au lieu de leur donner des commandements sur la nouvelle manière de penser, Jésus ait en réalité identifié devant eux la transformation du cœur qu'ils venaient d'expérimenter? «Heureux les pauvres en esprit, car le royaume des cieux est à eux!»[13] Comment décririez-vous des gens qui quittaient des villes plusieurs jours d'affilée, parcourant de longues distances à pied, abandonnant derrière eux tout ce qui fait la vie au quotidien, uniquement pour suivre Jésus vers un lieu désert? Et là, il accomplissait devant eux ce qu'ils pensaient impossible à réaliser. La faim de leurs cœurs a tiré du cœur de Dieu une réalité dont ils n'avaient pas même imaginé l'existence. Peut-on découvrir leur situation dans les Béatitudes? Je le pense. Moi, je les appellerais «pauvres en esprit.» Jésus leur a fait la promesse de la manifestation du royaume de Dieu en accomplissant des guérisons et des délivrances. Puis il a fait suivre les miracles de son célèbre sermon, car il était habituel pour Jésus d'enseigner afin d'expliquer ce qu'il venait de faire.

Dans le cas présent, la présence réelle de l'Esprit de Dieu sur Jésus a fait naître une véritable faim de Dieu chez ses auditeurs. Cette faim a ensuite provoqué un changement dans leur attitude sans qu'il leur ait été parlé par avance de ce changement. Leur faim de Dieu, avant même qu'ils aient pu la reconnaître, avait créé en eux une nouvelle perspective à laquelle ils n'étaient pas encore accoutumés. Sans faire le moindre effort, ils avaient changé. Comment? Le royaume vient dans la présence de l'Esprit de Dieu. C'est sa présence qu'ils ont détectée, et c'est à elle qu'ils aspiraient. Peu importait à leurs yeux qu'il fasse des miracles ou prêche des sermons. Il leur suffisait d'être là où il était. La faim rend humble. La faim de Dieu engendre l'humilité suprême. Et il «les a élevés en temps voulu»[14] en leur faisant goûter son autorité.

Le sermon sur la montagne est un traité sur le royaume de Dieu. Jésus y révèle les attitudes qui peuvent aider ses disciples à accéder à son monde invisible. Comme nous sommes des citoyens du ciel, ces attitudes sont formées en nous afin que nous puissions appréhender tout ce que son royaume met à notre disposition. Les Béatitudes sont en fait les «lentilles de contact» à travers lesquelles nous voyons le royaume de Dieu. La repentance sous-entend que nous revêtons la pensée de Christ telle qu'elle est révélée dans ces versets. Il aurait pu le dire ainsi: *voici ce à quoi ressemble l'esprit de repentance.*

Remarquez bien dans quelle situation heureuse se trouvent les citoyens du monde de Jésus, alors qu'ils ne sont pas encore dans le ciel! Ils sont *heureux*! Voici une paraphrase personnelle de Matthieu 5.3-12.

> *3. Vous êtes heureux si vous êtes pauvres en esprit, car le royaume des cieux vous appartient.*
>
> *4. Vous êtes heureux si vous portez le deuil, car vous serez réconfortés.*
>
> *5. Vous êtes heureux si vous êtes doux, car vous hériterez la terre.*
>
> *6. Vous êtes heureux si vous avez faim et soif de justice, car vous serez comblés.*
>
> *7. Vous êtes heureux si vous manifestez de la clémence envers les autres, car on manifestera de la clémence à votre égard.*
>
> *8. Vous êtes heureux si vous avez le cœur pur, car vous verrez Dieu.*
>
> *9. Vous êtes heureux si vous êtes des faiseurs de paix, car on vous appellera fils de Dieu.*
>
> *10. Vous êtes heureux si on vous persécute pour la cause de la justice, car le royaume des cieux vous appartient.*
>
> *11. Vous êtes heureux si on vous insulte et qu'on vous persécute, et qu'on dit toute sorte de mensonge contre vous, à cause de moi.*
>
> *12. Réjouissez-vous et soyez très heureux, car votre récompense est très grande dans les cieux. Car avant vous, on a persécuté de la même manière les prophètes.*

Examinez le résultat promis de chaque nouvelle attitude: *la réception du royaume des cieux, le réconfort, la clémence, le fait de voir Dieu, etc.* Pourquoi est-il important de le reconnaître? Parce que la plupart des gens approchent l'enseignement de Jésus comme *une autre expression de la loi de Moïse.* Aux yeux de la majeure partie des gens, Jésus n'a fait qu'apporter un nouvel ensemble de règles. Or, *la grâce* est différente de la *loi de Moïse* en ce sens qu'avec elle, la faveur vient *avant* l'obéissance. Sous la grâce, les commandements du Seigneur viennent avec le moyen pour les pratiquer... pour tous ceux qui écoutent avec leur cœur.[15] *La grâce rend possible ce qu'elle ordonne.*

## La domination réalisée

Le monde invisible a de l'influence sur le visible. Si le peuple de Dieu ne tend pas la main vers le royaume de Dieu qui est proche de lui, le royaume des ténèbres se hâtera de faire la preuve de sa capacité à exercer de l'influence. La bonne nouvelle est que «le règne [de Dieu] domine sur toutes choses.»[16]

Jésus a illustré cette réalité dans Matthieu 12.28, lorsqu'il a dit : «Si c'est par l'Esprit de Dieu que moi, je chasse les démons, le royaume de Dieu est donc parvenu jusqu'à vous». Notez deux choses sur lesquelles nous reviendrons plus en détails dans ce livre. Tout d'abord, Jésus n'a travaillé que par l'Esprit de Dieu. Deuxièmement, quand une personne recevait sa délivrance, c'est parce que le royaume de Dieu était venu sur elle. Jésus a provoqué la collision de deux mondes : le monde des ténèbres et le monde de la lumière. Les ténèbres cèdent *toujours* la priorité à la lumière ! De la même manière, quand la domination de Dieu a été exprimée par Jésus à cette personne, elle a été libérée.

## Agir par conviction

Cette même collision entre la lumière et les ténèbres a lieu lorsque les malades sont guéris. L'année dernière, Walter a eu deux attaques cérébrales. Aujourd'hui, il n'éprouve plus la moindre sensation du côté droit de son corps. Il m'a fait voir l'horrible brûlure qu'il avait subie, alors qu'il ne réalisait rien de ce qui se passait. La conviction, l'un de ces mots que l'on utilise pour détecter la foi[17], a commencé alors à grandir dans mon cœur. Tandis qu'il continuait de me parler, j'ai commencé à prier pour lui, en gardant ma main posée sur son épaule. Il me fallait faire vite. Je venais de prendre conscience du fait que, dans le royaume de Dieu, il n'y a pas d'engourdissement. Je ne voulais pas prendre davantage conscience de la gravité de son problème. J'ai alors prié à peu près en ces termes : «Père, c'était ton idée. C'est toi qui nous a ordonné de prier pour que les choses soient sur terre comme elles sont dans le ciel, et je sais qu'au ciel, il n'y a pas d'engourdissement. Donc, il ne devrait pas y en avoir ici. Par conséquent, je commande qu'au nom de Jésus, les terminaisons nerveuses reviennent à la vie. Je commande à ce corps d'avoir à nouveau des sensations».

Peu après ma prière, il me révéla qu'il avait senti ma main sur son épaule, et qu'il pouvait également déceler la texture de ma chemise avec sa main droite. Le monde de Dieu était entré en collision avec le monde de l'engourdissement. Et l'engourdissement perdit la bataille.

La foi est la clé qui permet de découvrir la nature supérieure de la réalité invisible. C'est le «don de Dieu» intérieur que nous sommes appelés à découvrir. Dans le prochain chapitre, nous apprendrons comment la foi traite l'invisible et prépare la place pour l'invasion des cieux.

# Notes

1. Matthieu 4.17.
2. Hébreux 6.1.
3. Voir 1 Corinthiens 3.9.
4. Voir 1 Jean 3.8.
5. Voir 2 Corinthiens 4.18.
6. Voir Jean 3.3.
7. Proverbes 25.2.
8. Voir Matthieu 5.6.
9. Voir Apocalypse 1.5.
10. Voir Colossiens 3.3.
11. Voir Éphésiens 1.20.
12. Matthieu 6.10.
13. Matthieu 5.3.
14. Voir 1 Pierre 5.6.
15. Voir Jacques 1.21-25.
16. Psaume 103.19.
17. Voir Hébreux 11.1.

# La foi ancrée dans l'invisible

## CHAPITRE 4

*« Or la foi, c'est l'assurance des choses qu'on espère,
la démonstration de celles qu'on ne voit pas. »*[1]

*La foi est le miroir du cœur qui reflète les réalités
d'un monde invisible -- la substance réelle de son royaume.
Par la prière de la foi, nous sommes rendus capables
de tirer la réalité de son monde pour la faire entrer
dans le nôtre. Telle est la fonction de la foi.*

La foi a jeté l'ancre dans le monde de l'invisible. Elle vit *de* l'invisible et *tend vers* le visible. La foi rend réel ce qu'elle accomplit. Les Écritures établissent un contraste entre la vie de la foi et les limites propres à la vision naturelle.[2] La foi fournit des yeux au cœur.

Jésus s'attend à ce que les gens voient avec leur cœur. Il a traité un jour des chefs religieux d'*hypocrites* parce qu'ils étaient capables de discerner le temps qu'il allait faire mais ne savaient pas discerner les temps dans lesquels ils vivaient. On comprend facilement pourquoi Jésus préférait que les gens sachent reconnaître les *temps* (c'est-à-dire les saisons et le climat spirituels) et non les conditions naturelles climatiques, mais on comprend moins facilement pourquoi il les considérait comme des hypocrites dans ce cas.

Un grand nombre d'entre nous pensent que la capacité de voir dans le monde spirituel est davantage le fruit d'un don particulier que le potentiel inutilisé d'une certaine personne. Je tiens à vous rappeler que Jésus a lancé cette accusation aux Pharisiens et aux Sadducéens. Le fait même que l'on attendait d'eux -- plus que de tous les autres -- qu'ils voient, est bien la preuve que tout le monde a reçu cette capacité. S'ils étaient devenus aveugles à l'autorité qu'il exerçait, c'est parce que leurs cœurs étaient corrompus et le jugement qui tombait sur eux concernait leur potentiel resté inexploité.

Nous sommes nés de nouveau par le moyen de la foi.[3] L'expérience de la nouvelle naissance nous rend capables de voir avec le cœur.[4] Le cœur qui ne voit pas est un cœur endurci.[5] La foi n'a jamais eu pour seul but de nous faire entrer *dans* la famille. Elle correspond plutôt au genre de vie que l'on vit dans cette famille. La foi voit. Elle nous permet de nous concentrer sur le royaume de Dieu. Toutes les ressources du Père, tous ses bienfaits nous sont accessibles par la foi.

Pour nous encourager et nous permettre de voir, Jésus nous a donné des instructions précises: «Cherchez premièrement le royaume de Dieu...»[6] Paul, de son côté, nous a laissé cet enseignement: «Pensez à ce qui est en haut, et non à ce qui est sur la terre».[7] Il a ajouté: «Les choses visibles sont momentanées, et les invisibles sont éternelles».[8] La Bible nous enjoint de tourner notre attention vers ce qui est invisible. Ce thème revient suffisamment souvent dans l'Écriture pour rendre nerveux ceux d'entre nous qui sont liés par la logique propre à la culture occidentale.

C'est ici que réside le secret qui permet d'accéder au monde surnaturel que nous voulons voir restauré dans l'Église. Jésus nous a dit qu'il n'a fait que ce qu'il *a vu* son Père faire. Cet aperçu est vital pour ceux qui en veulent plus. La puissance de ses actions, comme par exemple la boue qu'il a mise sur les yeux de l'aveugle, est enracinée dans sa faculté de voir.

## L'adoration et l'école de la foi

Dieu tient absolument à nous enseigner comment voir. Pour que nous y parvenions, il nous a donné comme tuteur le Saint-Esprit. Il utilise un programme assez varié. Mais la classe unique dans laquelle nous pouvons entrer constitue le plus grand des privilèges chrétiens : l'adoration. Le but de notre adoration n'est pas d'apprendre *comment voir*, mais c'en est un magnifique sous-produit.

Ceux qui adorent en esprit et en vérité, selon les paroles de Jean 4.23-24, apprennent à suivre la direction du Saint-Esprit. Son domaine s'appelle le royaume de Dieu. Le trône de Dieu, qui s'établit sur les louanges de son peuple[9] est le centre même de ce royaume. C'est dans l'environnement de l'adoration que nous apprenons les choses qui dépassent de loin ce que notre intellect peut saisir[10], et la plus grande de ces leçons est la valeur même de sa présence. David en a été tellement affecté que tous ses autres exploits pâlissent en comparaison de l'abandon de son cœur à Dieu. Nous savons qu'il avait appris à voir dans le monde de Dieu, car il nous a laissé des déclarations du genre : «Je contemple l'Éternel constamment devant moi, quand il est à ma droite, je ne chancelle pas».[11] La présence de Dieu affectait sa vision. Il avait pris l'habitude de reconnaître cette présence. Il voyait Dieu tous les jours, non avec ses yeux naturels, mais avec ceux de la foi. Cette révélation inestimable avait été donnée à un adorateur.

Le privilège de l'adoration est un bon endroit d'où ceux qui ne sont pas habitués à étudier certaines catégories de thèmes que l'on rencontre dans l'Écriture peuvent partir. C'est dans ce merveilleux ministère que nous pouvons apprendre à prêter attention à ce don de Dieu : la faculté de voir avec son cœur. Si nous apprenons à adorer dans la pureté du cœur, nos yeux continueront à s'ouvrir. Et nous pourrons alors nous attendre à voir ce qu'il veut que nous voyions.

## Voir l'invisible

Le monde de l'invisible est supérieur au monde naturel. La réalité de ce monde invisible domine le monde naturel dans lequel nous vivons... à la fois positivement et négativement. L'invisible étant supérieur au naturel, la foi est ancrée dans l'invisible.

La foi vit à l'intérieur de la volonté révélée de Dieu. Quand j'entretiens des idées fausses sur l'identité de Dieu et ce à quoi il ressemble, ma foi se trouve du même coup restreinte par ces idées fausses. Si je crois, par exemple, que Dieu permet la maladie afin de bâtir le caractère, je n'aurai pas la foi suffisante pour prier, dans la plupart des circonstances où la guérison est nécessaire. Mais si je crois que la maladie est au corps ce que le péché est à l'âme, aucune maladie ne m'intimidera plus. La foi se développe beaucoup plus librement lorsque nous voyons vraiment le cœur de Dieu comme étant bon.

Les mêmes idées fausses sur Dieu affectent ceux qui ont besoin d'avoir la foi pour obtenir leur propre miracle. Une femme qui avait besoin d'un miracle m'a dit un jour qu'elle sentait que Dieu avait permis sa maladie dans un dessein particulier. Je lui ai répondu que si je traitais mes enfants de la même manière, je serais arrêté pour mauvais traitements sur eux. Elle me donna raison et finit par me laisser prier pour elle. Elle reçut sa guérison quelques minutes après que la vérité fut entrée dans son cœur.

L'incrédulité est ancrée dans ce qui est visible ou raisonnable, en dehors de Dieu. Elle honore le monde naturel comme étant supérieur à l'invisible. L'apôtre Paul déclare que ce que nous pouvons voir est temporaire, et que ce que nous ne voyons pas est éternel.[12] L'incrédulité, c'est la foi dans l'inférieur.

Le monde naturel est l'ancre de l'incrédulité. Mais ce monde ne doit pas être considéré comme étant mauvais. D'ailleurs, ceux qui ont le cœur humble reconnaissent la main de Dieu à travers ce qui se voit. Dieu a créé toutes choses de manière à ce qu'elles parlent de lui, qu'il s'agisse des rivières et des arbres, des anges ou du ciel. Le domaine naturel rend témoignage à sa grandeur... pour ceux qui ont des yeux pour voir et des oreilles pour entendre.[13]

## Réaliste/matérialiste

La plupart des gens que j'ai rencontrés et qui sont remplis d'incrédulité se disent eux-mêmes *réalistes*. Il s'agit certes d'une évaluation honnête, mais dont on ne doit pas être fier. Ces réalisteslà croient davantage en ce qui est visible qu'ils ne le font en ce qu'ils ne peuvent voir. En d'autres termes, ils croient que le monde matériel règne sur le monde spirituel.

On considère très souvent le matérialisme comme consistant simplement en l'accumulation de biens matériels. Bien qu'il inclue cela, il va beaucoup plus loin. Je peux très bien ne rien posséder et me montrer matérialiste car le matérialisme, c'est la foi dans le naturel comme étant la réalité supérieure.

Nous appartenons à une société sensuelle dont la culture est formée par ce que l'on peut attraper par les sens. Nous sommes formés à ne croire que ce que nous voyons. La vraie foi, ce n'est pas vivre en niant le monde naturel. Si le médecin dit que vous avez une tumeur, il est absurde de prétendre qu'elle n'est pas là. Cela ne s'appelle pas de la foi. Cette dernière est fondée sur une réalité qui est supérieure à cette tumeur. Je peux reconnaître l'existence d'une tumeur et avoir quand même foi en ma guérison, acquise par ses meurtrissures. J'ai été guéri il y a 2 000 ans à titre provisionnel. C'est le produit du royaume des cieux, c'est-à-dire d'une réalité supérieure. Il n'y a aucune tumeur au ciel, et la foi fait pénétrer cette réalité dans la réalité naturelle.

Satan aimerait-il infliger une tumeur au ciel ? Bien sûr que oui. Mais il n'a aucune autorité là-bas. Il n'en possède qu'ici-bas, quand et où l'homme le reconnaît.

## Vivre dans le reniement

La crainte de donner l'impression de vivre dans le reniement empêche bien des gens d'avoir la foi. Pourquoi ce que pensent les gens est-il si important pour vous que vous ne vouliez pas tout risquer pour faire confiance à Dieu ? La crainte de l'homme est très étroitement associée à l'incrédulité. À l'inverse, la crainte de Dieu l'est à la foi.

Les gens qui ont la foi sont eux aussi réalistes. Ils s'appuient tout simplement sur une réalité supérieure.

L'incrédulité est en réalité la foi en autre chose qu'en Dieu. Dieu est jaloux de nos cœurs, et toute personne dont la confiance se porte sur quelqu'un d'autre attriste le Saint-Esprit.

## Ce n'est pas dans la tête

La foi naît de l'Esprit dans le cœur des hommes. La foi n'est jamais intellectuelle ni anti-intellectuelle. Elle est supérieure à l'intellect. La Bible ne dit pas que *c'est par l'intelligence que l'homme croit !* Mais c'est par la foi que l'homme est rendu capable d'entrer en accord avec la pensée de Dieu.

Quand nous soumettons les choses de Dieu à l'intelligence de l'homme, nous découvrons l'incrédulité et la religion.[14] Quand nous soumettons l'intelligence de l'homme aux choses de Dieu, nous découvrons la foi et le renouvellement de l'intelligence. L'intelligence fait un merveilleux serviteur, mais un terrible maître.

Une grande partie de l'opposition au réveil est le fait de chrétiens qui sont conduits par leur âme.[15] L'apôtre Paul les appelle *charnels*. Ces gens-là n'ont pas appris à se laisser conduire par l'Esprit. Tout ce qui n'a pas de sens pour leur intelligence, leur raison, entre automatiquement en conflit avec l'Écriture. Cette manière de raisonner est le propre de l'Église, dans la civilisation occidentale, ce qui doit expliquer pourquoi notre Dieu nous ressemble tant.

La plupart des buts de l'Église moderne peuvent être atteints sans l'aide de Dieu. Tout ce dont nous avons besoin, ce sont des gens, de l'argent et un objectif commun. Avec la détermination, on peut réaliser de grandes choses. Cependant, le succès n'est pas nécessairement le signe que le but que nous avons atteint venait de Dieu. Dans la vie de l'Église, il y a bien peu d'éléments qui viennent certifier que nous sommes dirigés et équipés par le Saint-Esprit. Le retour au ministère de Jésus constitue le seul moyen pour nous d'atteindre un tel but.

## La foi naît d'une relation

Le Saint-Esprit vit dans mon esprit. C'est *là* que la communion avec Dieu se vit. Quand nous apprenons à recevoir de notre esprit, nous apprenons à nous laisser conduire par l'Esprit de Dieu.

«C'est par la foi que nous comprenons.»[16] La foi est le vrai fondement de tout vrai intellectualisme. Quand nous *apprenons à appren-*

*dre* de cette manière, nous nous ouvrons à une croissance dans la vraie foi, car la foi n'exige pas la compréhension pour fonctionner.

Je suis certain que la plupart d'entre vous ont déjà fait cette expérience: vous lisez la Bible depuis un moment et soudain, un verset *vous saute aux yeux*. Vous vous passionnez alors pour ce texte qui semble vous apporter tant de vie et d'encouragement. Cependant, au début, vous étiez bien incapable de l'enseigner ou de l'expliquer, même si votre vie en dépendait. Il s'est passé ceci: votre esprit a reçu la puissance vitale de la parole, par le Saint-Esprit.[17] Quand nous apprenons à recevoir de notre esprit, c'est notre intelligence qui devient l'étudiant et qui, par conséquent, se soumet au Saint-Esprit. Par le processus de la révélation et de l'expérience, notre intelligence reçoit finalement la compréhension. Voilà ce qu'est l'apprentissage biblique: l'esprit qui exerce son influence sur l'intelligence.

## La foi, c'est à la fois l'assurance et la démonstration

«La foi, c'est l'assurance des choses qu'on espère, la démonstration de celles qu'on ne voit pas.»[18]

La foi, c'est le miroir du cœur qui reflète les réalités du monde de Dieu dans le nôtre. C'est la substance du domaine de l'invisible. Ce merveilleux don de Dieu est la manifestation terrestre initiale de ce qui existe dans son royaume. C'est un témoignage rendu au royaume de l'invisible que nous appelons le royaume de Dieu. Par la prière, nous sommes en mesure d'attirer cette réalité dans la nôtre. Ainsi fonctionne la foi.

Si je me rends à la pizzeria locale et que j'y commande une pizza, on va me donner un numéro et un reçu. Je dois ensuite placer ce nombre à un endroit bien en évidence sur la table à laquelle je suis assis. Si quelqu'un entre alors dans la pizzeria, vient à ma table et me dit que l'on ne va pas me servir la moindre pizza, je lui indiquerai mon numéro et lui dirai: «Quand la pizza numéro 52 sera prête, elle sera pour moi!» Ce numéro est l'*assurance* de la pizza que j'espère. Si cet homme me dit que mon numéro n'est pas bon, je lui montrerai mon reçu, qui confirme la validité du numéro. Quand ma pizza sera prête, le serveur viendra dans la salle et cherchera mon numéro. Comment le produit du ciel sait-il où atterrir? Il cherche l'assurance... le numéro. Si l'on remet en cause la validité du numéro, mon reçu, qui est contenu dans la Bible, confirmera mon droit au numéro et à la pizza.

Ce ne sont pas uniquement les besoins de l'homme qui mettent le ciel en mouvement. Non que Dieu ne s'en soucie pas. C'est à cause de sa grande compassion qu'il a envoyé Jésus. Quand c'est le besoin de l'homme qui met Dieu en mouvement, il résout rarement le problème sur le coup. Il préfère utiliser les principes du royaume qui, une fois acceptés, corrigent la situation. Si c'était uniquement le besoin de l'homme qui mettait Dieu en mouvement, l'Inde et Haïti -- pour ne citer qu'eux -- deviendraient les nations les plus riches de la planète. Mais cela ne fonctionne pas ainsi. C'est la foi qui met en mouvement le ciel. La monnaie du ciel, c'est la foi.

## Uu résumé de la foi

Voici un résumé des conséquences de la foi, d'après Hébreux 11.2-30:

**Par la foi:**
- Les anciens ont reçu un bon témoignage,
- Nous comprenons,
- Hénoc fut enlevé, parce qu'il plaisait à Dieu,
- Noé devint un héritier,
- Abraham obéit, et s'installa dans le pays de la promesse,
- Sara reçut la capacité de concevoir et considéra Dieu comme étant fidèle, car c'est lui qui lui avait fait la promesse.

**Par la foi:**
- Abraham reçut les promesses,
- Isaac bénit son fils,
- Joseph prophétisa ce qui allait arriver après sa mort.

**Par la foi:**
- Les parents de Moïse le protégèrent, car ils avaient compris qu'il jouerait un rôle particulier,
- Moïse refusa de s'aligner sur le système égyptien et préféra être rejeté par les gens.

Par la foi :

- Les murailles de Jéricho s'écroulèrent,
- Rahab eut la vie sauve.

Par la foi :

- Ils soumirent des royaumes,
- ils agirent selon la justice,
- ils obtinrent des promesses,
- ils fermèrent la gueule des lions,
- ils éteignirent la violence du feu,
- ils échappèrent au tranchant de l'épée,
- ils furent rendus forts,
- ils firent preuve de courage dans le combat,
- ils combattirent l'ennemi.

## La source de la foi

«La foi vient de ce qu'on entend...»[19] Il n'est pas écrit qu'elle vient de ce qu'on *a entendu*. C'est le cœur qui écoute, au présent, qui est prêt à recevoir du ciel le dépôt de la foi.

L'apôtre Paul était comme poussé par le commandement: «Allez dans le monde entier et prêchez la bonne nouvelle...»[20] Cependant, alors qu'il était prêt à prêcher la bonne nouvelle en Asie,[21] Dieu lui dit «non». Ce que Dieu *avait dit* semblait entrer en conflit avec ce que Dieu *disait maintenant.*[22] Paul se prépara alors à entrer en Bithynie. De nouveau, Dieu lui dit «non». Après cela, Paul eut un rêve, où il vit un homme macédonien qui l'appelait au secours. Il reconnut en cela la volonté de Dieu, et il s'y rendit.

Même si nous pouvons connaître la volonté de Dieu à partir des Écritures, nous avons cependant besoin du Saint-Esprit pour nous aider à acquérir l'interprétation, l'application et la faculté d'accomplir sa volonté.

## La crainte

Le commandement biblique le plus souvent répété est: *Ne craignez rien.* Pourquoi? La crainte s'attaque au fondement même de notre relation avec Dieu, à savoir notre foi. La crainte, c'est la foi dans le diable. On appelle également cela l'incrédulité. Jésus demandait souvent à ses disciples craintifs: «Pourquoi avez-vous si peu de foi?», parce que la crainte est l'équivalent de l'incrédulité. La crainte et la foi ne peuvent pas cohabiter. Elles luttent l'une contre l'autre.

Le diable est appelé Belzébuth, ce qui signifie le *Seigneur des mouches*. Comme ses hôtes, il est attiré par la pourriture. Nous avions autrefois un congélateur, dans une remise située à côté de notre maison. Un dimanche, au retour de l'église, nous avons trouvé devant nous un mur de mauvaise odeur qu'il nous a été difficile d'oublier. J'ai réalisé en un instant ce qui s'était passé. Notre congélateur était mort. J'avais pensé que la mauvaise odeur que je sentais depuis plusieurs jours provenait du fait que les garçons avaient oublié de jeter *une partie* des ordures. Mais en réalité, il s'agissait de la viande qui pourrissait lentement et qui était bien cachée dans le congélateur.

Depuis le siège avant de ma voiture, j'apercevais la fenêtre de la remise, à quelque 15 mètres de distance. Elle était noire de mouches... Elles étaient tellement nombreuses qu'il est toujours aussi difficile de l'imaginer, des années plus tard. Le congélateur était rempli de toute sorte de viande. Les mouches trouvèrent un excellent lieu de reproduction dans la viande pourrie et elles purent s'y multiplier à l'infini. J'ai alors mis la viande et le congélateur à la poubelle.

Les problèmes que représentent l'amertume, la jalousie et la haine constituent la pourriture du cœur qui invite le diable à venir et à exercer son influence[23], même parmi les chrétiens. Rappelez-vous l'avertissement de Paul à l'église d'Éphèse: «Ne donnez pas accès au diable».[24] La crainte constitue elle aussi une pourriture pour le cœur. Elle attire les forces démoniaques de la même manière que l'amertume et la haine. Comment les mouches ont-elles su où se trouvait mon congélateur? Grâce à l'odeur que dégageait la viande pourrissante. La crainte dégage le même type d'odeur. À l'instar de la foi, la crainte est *la ferme assurance* du monde spirituel. Satan n'a aucun pouvoir, tant que nous ne lui donnons pas notre accord. La crainte devient la réponse de notre cœur dès l'instant où nous donnons notre accord à ses suggestions intimidantes.

## Réagir ou répondre

La plupart de ceux qui ont craint les excès commis par les autres au nom de la foi ont préféré embrasser l'incrédulité. La réaction à l'erreur produit d'ordinaire l'erreur. L'acceptation de la vérité remporte la victoire sur ceux qui embrassent l'erreur. Certains n'auraient aucun crédo si ce n'était l'erreur des autres. Leurs pensées et les enseignements auxquels ils adhèrent constituent l'antithèse de ce que les autres croient ou pratiquent. En conséquence, ceux qui cherchent l'équilibre deviennent anémiques. Le mot équilibre finit par signifier *le milieu de la route*: il ne représente plus aucune menace ni pour les gens ni pour le diable, et ce sans le moindre risque. Enfin, par-dessus tout, il nous permet de garder notre image intacte.

L'Église met en garde ses membres contre le grand péché qu'est la présomption. Dieu nous met en garde contre le péché que constitue l'incrédulité. Jésus n'a pas dit: «quand je reviendrai, trouverai-je des gens qui se livrent à des excès ou qui sont présomptueux?» Non, ce qui le préoccupait, c'était s'il trouverait des gens qui ont la foi, du genre de celle qu'il a démontrée lui-même. Si nous nous blottissons souvent contre ceux qui pensent comme nous, ceux qui ont la foi tracent une piste qui menace nos zones de confort. La foi est une offense au statu quo.

Il est difficile de vivre avec les gens qui ont une grande foi. Leur façon de raisonner appartient *à un autre monde*. Mon grand-père, qui était pasteur, a été élevé aux pieds de plusieurs grands hommes et femmes de Dieu, au début des années 1900. Il me répétait souvent qu'à l'époque, tout le monde n'appréciait pas Smith Wigglesworth. La foi que démontrait ce dernier mettait les autres mal à l'aise. Il en est souvent ainsi: nous aimons ces gens-là ou bien nous les évitons. Nous trouvons leur style de vie soit contagieux soit offensant, mais nous restons rarement neutres. Smith est très apprécié aujourd'hui... mais c'est uniquement parce qu'il est mort. Israël appréciait tout autant ses prophètes morts.

Il y a quelque chose d'étonnant, à propos de l'incrédulité: elle est capable de réaliser ses propres attentes. L'incrédulité a un côté sécurisant qui lui vient du fait qu'elle ne prend aucun risque et qu'elle obtient pratiquement toujours ce qu'elle attend. Quand une personne a la réponse que mérite son incrédulité, elle est en mesure de dire : «je vous l'avais dit».

## Une réalité supérieure

Ma foi n'est pas seulement une foi constante : elle est aussi une foi active. Elle est de nature agressive. Elle a un point central et un dessein. La foi se saisit de la réalité du royaume de Dieu et avec force et violence, elle entre en collision avec le monde naturel. Aucun royaume inférieur ne peut lui résister.

L'une des choses que les gens me disent le plus souvent, quand je m'apprête à prier pour leur guérison, est : «je sais que Dieu peut le faire». Le diable aussi le sait. Au mieux, appelons cela de l'espoir... mais pas de la foi. La foi, elle, sait qu'il va le faire.

Pour celui qui a la foi, rien n'est impossible. Là où il y a la foi, il n'y a plus d'impossibilités... et il n'y a plus d'exceptions.

Prenons l'exemple de Sheri : elle est venue sur le devant de l'église pour la prière après un merveilleux sermon prêché dans la banlieue de Nashville, dans le Tennessee. Elle souffrait de lupus depuis 24 ans et depuis 4 ans, elle avait commencé à faire de l'hypertension pulmonaire. Elle était dans un tel état qu'on avait dû lui poser une dérivation en aluminium dans le cœur. On y avait attaché une pompe, qui transportait le médicament nécessaire pour la maintenir en vie. Son médecin lui avait dit que, sans ce médicament, elle n'aurait que trois minutes de vie.

Quand elle vint vers moi, j'ai ressenti la présence de quelque chose que je n'avais jamais ressenti auparavant avec une telle mesure. C'était la foi. Je me suis reculé un moment et je l'ai observée pendant quelques instants, réalisant soudain que j'avais devant moi une chose qui m'était tout à fait nouvelle. Pendant que je priai, elle tomba par terre sous la puissance de Dieu. Quand elle se releva, je lui demandai comment elle se sentait. Elle me dit alors qu'elle ressentait une grande chaleur dans sa poitrine. (Très souvent, la puissance divine de guérison provoque ce type de phénomène.) Au moment où elle partait, je lui dis : «C'est ta foi qui t'a fait cela!»

C'était le samedi soir. À sept heures du matin, le lendemain, le Seigneur lui parla et lui dit que, désormais, elle n'aurait plus besoin de traitement.[25] Elle l'arrêta aussitôt. Elle revint 14 heures plus tard et rendit témoignage de la merveilleuse puissance de guérison du Seigneur.

On lui a enlevé la dérivation en aluminium. Elle n'en a plus besoin!

## Des oreilles pour entendre

«Ainsi la foi vient de ce qu'on entend, et ce qu'on entend vient de la parole du Christ.»[26] Notez bien qu'il n'est pas écrit: *la foi vient de ce qu'on a entendu*. La nature même de la foi sous-entend une relation en cours avec Dieu. L'accent est mis ici sur le fait d'entendre... au présent! Dans la Genèse, nous lisons qu'un jour, Dieu a dit à Abraham de sacrifier Isaac. Au moment où Abraham soulevait son couteau pour égorger son fils, Dieu lui a parlé de nouveau. Cette fois, c'était pour lui dire qu'il ne fallait pas tuer son fils. Il avait en effet passé avec succès le test qui consistait à se montrer capable de faire tout ce que Dieu lui demanderait. Il était bon que le seul lien qu'Abraham avait alors avec Dieu n'était pas la parole qui *avait été prononcée dans le passé*, mais également celle que Dieu *prononçait dans le présent*.[27]

## Les réponses aux impossibilités de la vie

Ce dont le monde a le plus besoin, c'est que l'Église en revienne à un message du type «montre et dis» sur le royaume de Dieu. Le monde a besoin d'une ancre qui soit plus grande que tout ce qu'il a pu voir jusqu'à présent. Le système mondial n'a aucune réponse à apporter aux problèmes croissants du monde: chaque solution qu'il apporte ne dure qu'un temps.

Dale est venu un jour dans mon bureau pour confesser son péché. Il habitait à une certaine distance de ma ville, mais comme il nous avait volé une certaine somme d'argent, il avait ressenti le besoin de venir nous confesser son péché en personne. Après lui avoir dit que Dieu le pardonnait et nous aussi, je lui demandai des nouvelles de son dos. Il était entré dans mon bureau avec beaucoup de mal et, visiblement, il souffrait beaucoup. Il releva sa chemise et me montra deux cicatrices situées de chaque côté de la moelle épinière, sur toute la hauteur du dos. Quelques années auparavant, il s'était cassé le dos et, très récemment, un accident d'automobile était venu aggraver les choses. C'est alors qu'il me dit que Dieu aimerait certainement le guérir, mais il avait fait obstacle. Je lui précisai qu'il n'était pas assez grand pour cela. Tout ce qu'il m'était donné de concevoir, c'était la grandeur de Dieu et la condition chétive de l'homme. Il me regarda alors avec un air de stupéfaction. Je lui expliquai que Dieu était assez grand pour faire ce qui lui plaisait. Même s'il ne manifesta pas alors une grande foi, Dale n'en commença pas moins à douter de ses propres doutes. C'est tout ce qu'il fallait. Je posai les mains sur son dos et invitai le Saint-Esprit à venir le faire bénéficier du don de la guérison. Je commandai ensuite à son dos de guérir. Il se pencha en avant, plaça ses mains à plat sur le sol, tout en disant : *mais je ne peux pas faire cela !* Puis il le refit à plusieurs reprises, tout en répétant : *mais je ne peux pas faire cela !* Quand il me quitta, il ne ressentait plus aucune douleur, il pouvait bouger comme il le voulait, et son cœur était rempli de louanges. Quelques minutes plus tôt, cet homme avait du mal à marcher.

Croire, ce n'est pas l'absence de doute. C'est la présence de la foi. Je ne ressens pas forcément toujours que j'ai une grande foi. Mais je peux toujours obéir, imposer les mains à quelqu'un et prier. Je commets une erreur si j'examine constamment ma foi, car je ne la trouve pas souvent. Il vaut mieux que j'obéisse *tout de suite*. Une fois que tout sera fini, je pourrai regarder en arrière et me rendre compte que mon obéissance venait de ma foi.

## L'effet de la bombe à fragmentation

Quand le niveau collectif de la foi s'élève, il a ce que j'appelle *l'effet de la bombe à fragmentation,* et les spectateurs innocents sont alors touchés par la puissance miraculeuse de Dieu.

Frances souffrait d'un cancer de l'œsophage. Un dimanche matin, pendant le culte, elle s'est penchée d'un coup vers son mari et lui a dit: «Je viens d'être guérie, à l'instant!» Elle venait de sentir le *feu* de Dieu toucher ses mains et en avait conclu qu'il s'agissait de l'attouchement guérissant de Dieu. Quand elle rendit visite à son médecin, elle lui raconta son expérience. Il lui répondit: «Ce genre de cancer ne s'en va pas.» Après l'avoir examinée, il déclara: «Non seulement vous n'avez pas de cancer, mais vous avez un nouvel œsophage!»

La foi collective tire sur le ciel de manière merveilleuse. Le monde céleste se manifeste alors tout autour de nous.

Sharon avait eu, il y a quelques années, un accident dans lequel elle avait eu un tendon de la jambe broyé. Depuis, ses mouvements étaient limités et son pied était partiellement engourdi. Lors d'une de nos réunions du samedi soir, je faisais un appel pour ceux qui voulaient se mettre en règle avec Dieu. Elle commença alors à faire toutes sortes de bruits. J'arrêtai aussitôt l'appel et lui demandai ce qui se passait. Elle nous expliqua alors qu'elle sentait comme un picotement dans sa jambe et qu'elle pouvait désormais bouger et sentir normalement son pied. Un miracle de création avait eu lieu sans que personne ne prie.

Un petit nombre de gens assistaient à cette réunion. Cependant, la puissance ne réside pas dans le nombre de gens qui assistent à une réunion. Ce qui compte, c'est le nombre de gens qui se mettent d'accord entre eux. La puissance exponentielle[28] est le produit de *l'unité de la foi*.

Dans certaines réunions, il est facile de confondre enthousiasme et foi. Dans un tel contexte, je mets l'accent sur l'usage des témoignages afin de stimuler les cœurs des gens pour qu'ils croient en l'invasion de l'impossible.

## Plus que le bruit

À l'instar de la crainte, la foi est un élément tangible du monde spirituel. Dans le monde naturel, une voix forte peut fort bien intimider un autre homme. Cependant, les démons savent faire la différence entre une personne qui est vraiment audacieuse et agressive *à cause de* sa foi, et celle qui est agressive uniquement parce qu'elle cherche à cacher ses craintes. Les chrétiens utilisent souvent cette tactique quand ils chassent les démons. La plupart d'entre nous ont déjà proféré des menaces, appelé des anges à leur aide, promis de rendre la vie dure aux démons au jour du Jugement, et toutes sortes d'idées insensées pour essayer de couvrir le manque de maturité et la crainte.

C'est dans le repos qu'on trouve l'autorité de chasser les démons. C'est dans le repos que la foi se développe.[29] Elle trouve sa source dans la paix de Dieu. Et c'est le prince de la paix qui écrasera bientôt satan sous ses pieds![30] Ce qui nous offre le repos est synonyme de violence pour les puissances de l'enfer. Telle est la nature violente de la foi.

Il ne s'agit pas d'un effort de l'âme pour entretenir la confiance en soi ou la détermination. Il s'agit plutôt d'un déplacement du cœur vers le lieu de l'abandon... le lieu du repos. Le cœur qui s'abandonne, c'est le cœur qui croit. Et pour plaire à Dieu, il faut croire.

## La violence et la foi

«Jusqu'à présent, le royaume des cieux est soumis à la violence, et ce sont les violents qui le ravissent»[31]

Deux aveugles[32] qui se tenaient au bord du chemin appelèrent Jésus. Les gens qui les entouraient leur demandèrent de se calmer. Ce qui ne fit qu'encourager leur détermination. Ils exprimèrent alors leur désespoir en criant encore plus fort. Jésus les appela et les guérit, en leur disant: «Le royaume de Dieu s'est approché de vous.» Il attribua alors leur guérison à leur foi.

Une femme[33] qui avait souffert d'hémorragies pendant 12 ans se frayait un chemin parmi la foule. Quand elle put enfin toucher le vêtement de Jésus, elle fut guérie. Jésus attribua cette guérison à sa foi.

Les histoires de ce genre sont légion. Elles se terminent toutes de la même manière: les gens furent guéris ou délivrés à cause de leur foi. Parfois, la foi s'enfonce doucement, et parfois elle crie fort. Mais elle fait toujours irruption dans le monde spirituel avec violence. Elle prend possession de la réalité invisible pour ne plus la lâcher.

S'emparer du royaume de Dieu par la foi est l'acte violent qu'il faut accomplir pour entrer dans ce que Dieu a mis à notre disposition.

## La foi rend capable

Une automobile peut avoir plusieurs centaines de chevaux fiscaux. Mais tant qu'on n'appuie pas sur l'embrayage, la voiture n'ira nulle part. Car l'embrayage met la puissance continue dans le moteur en rapport avec les roues. Ainsi en est-il de la foi. Nous avons toute la puissance du ciel derrière nous. Mais c'est notre foi qui met ce qui est disponible en rapport avec les circonstances du moment. La foi prend ce qui est disponible et lui donne toute sa réalité.

Il n'est pas illégal d'essayer de grandir dans la foi. Il n'est pas mauvais de rechercher les signes et un plus grand nombre de miracles. Tout cela fait partie des droits du croyant. Apprendre comment prier constitue la tâche des croyants. C'est d'ailleurs la seule chose que les disciples ont demandé à Jésus de leur enseigner. C'est pourquoi nous allons examiner sa prière modèle afin de comprendre sa conception de ce domaine et comment s'exerce son autorité.

## Notes

1. Hébreux 1.1
2. Voir 2 Corinthiens 5.7.
3. Voir Éphésiens 2.8.
4. Voir Jean 3.3
5. Voir Marc 8.17-18.
6. Matthieu 6.33.
7. Colossiens 3.2.
8. 2 Corinthiens 4.18.
9. Voir Psaume 22.4.
10. Voir Éphésiens 3.20.
11. Psaume 16.8.
12. Voir 2 Corinthiens 4.18.
13. Voir Romains 1.20-21.

14. Je conçois la religion comme étant la forme sans la prière.

15. L'âme est constituée de l'intelligence, de la volonté et des émotions.

16. Hébreux 11.3.

17. «La lettre tue, mais l'Esprit fait vivre» (2 Corinthiens 3.6).

18. Hébreux 11.1.

19. Romains 10.17.

20. Voir Genèse 22.

21. Marc 16.15.

22. Voir Actes 16.

23. Dieu ne contredit jamais sa parole. Il peut seulement aller à l'encontre de la compréhension de sa parole. Le principe de la grande mission (en Marc 16.15) n'a pas été annulé par la situation d'Actes 16. Leur application du principe constituait le but de Dieu.

24. Voir Jacques 3.15-16.

25. Éphésiens 4.27.

26. Quand on me demande ce que je pense des médicaments, je dis aux gens d'agir selon ce qu'il y a dans leur cœur. Il ne peut en rien leur être utile de faire ce que je crois, ou de les garder de faire ce qui serait gâté par mon incrédulité.

27. Romains 10.17.

28. Voir Deutéronome 32.30.

29. Voir Hébreux 3.11-4.11.

30. Voir Romains 16.20.

31. Matthieu 11.12.

32. Voir Matthieu 9.27.

33. Voir Matthieu 9.20-22.

# Prier que le ciel descende

## CHAPITRE 5

*« Si vous voulez recevoir quelque chose de Dieu, il vous faudra prier jusqu'au ciel. C'est là que l'on trouve tout. Si vous vivez dans le monde terrestre tout en vous attendant à recevoir de Dieu, vous n'obtiendrez jamais rien. »*[1]

*« L'Église a fait preuve de négligence dans un domaine... elle n'a pas prié pour que la puissance de Dieu descende du ciel. »*[2]

Pour les membres de notre communauté, la célébration du 4 juilllet constitua le plus grand événement de l'année. Le défilé, le rodéo et le derby de démolition comptèrent parmi les activités qui eurent lieu pendant les festivités qui durèrent près d'une semaine.

Il y avait également des carnavals qui s'introduisaient parmi nous, avec des promenades, des jeux et des repas spéciaux qui étaient monnaie courante en de telles occasions. Une année, une diseuse de bonne aventure essaya de s'inviter aux célébrations. Elle planta sa tente au milieu des autres et étala ses cartes de tarot, sa boule de cristal et le reste de l'attirail du medium. Le diable nous l'envoya pour communiquer aux citoyens de ma ville le don de *la possession démoniaque*. À l'église, on commença à prier.

Tout en marchant autour de sa tente, je commençai à déclarer : «Tu n'existes pas dans le ciel, donc tu ne dois pas exister ici. Cette ville m'appartient. Ta présence ici est illégale. Je t'interdis d'établir ici tes racines! Dieu a déclaré que tout lieu que foulera la plante de mon pied, il me le donnera. Je te lie à la parole de Dieu qui déclare que j'ai autorité sur toi. Va-t'en!» Je continuai à marcher autour de la tente comme Israël avait marché autour de Jéricho. Rien ne tomba.

Je ne dis rien de cela à la femme. Je ne prononçai même pas ces paroles de manière à ce qu'elle les entende. Elle n'était pas mon ennemi, ni mon problème. Ma cible était le royaume des ténèbres qui lui avait donné son pouvoir.

Tandis qu'elle exerçait sa *magie* sur un couple qui était assis à sa table, je me tins contre l'autre cloison de la tente, à quelques centimètres seulement du couple, qui ne se doutait de rien. Je levai les mains vers eux, liant la puissance de l'enfer qui voulait leur destruction. Je partis quand j'eus conscience d'en avoir terminé. (Les mains qui sont abandonnées à Dieu peuvent libérer la puissance des cieux pour une situation donnée. Dans le monde spirituel, cette puissance est libérée comme un éclair.[3])

Bien que la foire ait continué encore assez longtemps, la femme partit le lendemain. La puissance qui exerçait son influence sur elle avait été brisée. Elle n'aurait pas pu partir plus vite. C'était comme si les frelons de l'Exode l'avaient chassée de la ville.[4]

## Jésus nous donne le modèle à suivre

La prière modèle du Seigneur nous donne les instructions les plus claires sur la manière dont nous pouvons faire pénétrer la réalité du monde de Dieu dans le nôtre. Les grands revivalistes nous parlent, depuis leur époque, et nous disent: «Si vous priez, cela viendra!»

La prière selon la Bible est toujours accompagnée d'une obéissance radicale. La réponse de Dieu à la prière faite avec obéissance libère toujours la nature céleste dans nos situations imparfaites.

Le modèle que nous a laissé Jésus nous révèle quelles sont les deux vraies et uniques priorités de la prière : tout d'abord, l'intimité avec Dieu qui est exprimée dans l'adoration -- *Saint est son nom*. Ensuite, amener son royaume sur la terre, en établissant son autorité sur les besoins de l'humanité -- *que ton règne vienne*.

En nous préparant à examiner cette prière, prêtons attention à un aperçu supplémentaire qui nous aidera à mieux comprendre le dessein qui se cache derrière la prière. En tant que disciples, nous sommes à la fois citoyens et ambassadeurs d'un autre monde. Nous avons une tâche à accomplir dans ce monde, mais il n'est pas notre patrie. Le dessein que nous servons est éternel. Les ressources dont nous disposons pour accomplir notre tâche sont illimitées. Les seules restrictions se situent entre nos deux oreilles.

Examinons maintenant la prière que Jésus nous a laissée en Matthieu 6.9-13, à commencer par sa première phrase :

**« *Notre Père qui es aux cieux, que ton nom soit sanctifié* »**

Le mot *Père* est un titre honorifique et un appel à la relation. Ce que Dieu a fait pour nous permettre de l'appeler « notre Père » est tout ce qu'on a besoin de voir pour commencer à devenir un vrai adorateur. *Sanctifié* est synonyme de « respecté » ou « vénéré ». Ce mot est lui aussi l'expression de la louange. Dans le livre de l'Apocalypse, qui est intitulé en fait « la révélation de Jésus-Christ »[5] (et non l'antichrist !), il apparaît avec évidence que la louange et l'adoration constituent les activités premières du ciel. Et c'est ainsi qu'il doit en être également ici-bas sur terre. Plus nous vivons en vrais citoyens des cieux, plus les activités propres au ciel influencent notre style de vie.

L'adoration constitue la grande priorité de notre ministère. Tout ce que nous faisons d'autre doit être affecté par notre attachement à cet appel. Il habite nos louanges. Une certaine traduction le rend de la manière suivante : « Mais vous êtes saints, et assis sur les louanges d'Israël ». À l'adoration du croyant, Dieu répond par une invasion littérale de la terre par le ciel.[6]

L'un de mes fils est conducteur de louanges. Il a emmené un jour l'un de ses amis, avec sa guitare, au centre commercial, pour y adorer Dieu. Pendant trois heures, ils ont chanté et dansé devant le Seigneur. Un homme qui ne se doutait de rien traversait à ce moment-là le centre commercial où ils venaient d'adorer Dieu. Il s'arrêta, fouilla dans sa poche, en tira de la drogue, et la jeta par terre. Personne ne lui avait parlé de son péché. Comment cela a-t-il pu arriver? Le ciel avait tout simplement touché la terre, et au ciel, il n'y a pas de drogue.

Nous voyons cela régulièrement quand nos équipes du ministère vont dans les rues de San Francisco. Nous travaillons dans un ministère de compassion et faisons de gros efforts pour faire descendre la puissance surnaturelle de Dieu dans les vies brisées. La guérison et la délivrance constituent la norme. Et parfois, cela se produit dans un environnement d'adoration.

Quand sa présence devient manifeste parmi ceux qui l'adorent, les non-croyants eux-mêmes sont conduits vers une rencontre avec Dieu. Mon fils et ma fille ont servi le Seigneur dans les rues difficiles de San Francisco. Parmi les passants, nous en avons vu beaucoup qui donnaient des signes de possession démoniaque, tandis que les autres éclataient en expressions de joie et en rires, en entrant dans la présence du Seigneur.

Ces choses ne doivent pas nous surprendre. Regardez comment Dieu répond aux louanges de son peuple, dans Ésaïe 42.13: «L'Éternel sort comme un héros, il excite son zèle comme un homme de guerre; il lance la clameur, il jette des cris, il triomphe de ses ennemis».

### «Que ton règne vienne; que ta volonté soit faite sur la terre comme au ciel»

Voici le centre même de toute prière: si cela existe au ciel, cela doit être libéré sur la terre. C'est le chrétien qui prie qui libère l'expression du ciel ici-bas. Quand le croyant prie selon la volonté révélée de Dieu, la foi devient plus spécifique et elle est mieux centrée. La foi se saisit alors de *cette réalité*. La foi qui demeure ne laisse rien tomber. Une telle invasion oblige les circonstances de la vie à se mettre au diapason du ciel. Ceux qui critiquent cette idée disent de manière sarcastique: «Je suppose que nous devons prier pour que les rues soient recouvertes d'or». Certes non! Nos rues devraient cependant être réputées pour la même pureté et la même bénédiction que celles qui existent au ciel: «Nos bœufs sont chargés, point de brèche, point de captivité, point de cris sur nos places!»[7] Tout ce qui se passe ici-bas doit être le reflet de ce qui se passe au ciel. En retour, toute révélation que Dieu nous donne du ciel doit nous équiper d'un nouveau sujet de prière.

Quelle mesure du ciel Dieu a-t-il l'intention de faire se manifester sur terre, maintenant? Personne ne peut le certifier. Cependant, l'histoire de l'Église nous enseigne que cela doit dépasser ce que nous vivons maintenant. Nous savons également, grâce à l'Écriture, que cela dépasse tout ce que nos pensées peuvent imaginer.[8]

La volonté de Dieu se voit dans la présence souveraine de Dieu, car «là où est l'Esprit du Seigneur, là est la liberté.»[9] Partout où l'Esprit du Seigneur démontre la seigneurie de Jésus, on expérimente la liberté. On peut le dire également de cette manière: «Quand le Roi des rois manifeste son autorité, le fruit de cette autorité, c'est la LIBERTÉ.» C'est ce règne que nous appelons le royaume de Dieu. En réponse à nos cris, Dieu fait entrer son royaume dans notre monde.

À l'inverse, si une réalité n'a pas droit de cité au ciel, elle doit être liée sur terre. Rappelons-nous que par la prière, nous devons exercer l'autorité qui nous a été donnée. «Je te donnerai les clefs du royaume des cieux: ce que tu lieras sur la terre *sera lié* dans les cieux, et ce que tu délieras sur la terre *sera délié* dans les cieux.»[10] Jésus laisse même entendre que ce que nous lions ou délions ici-bas a déjà été lié ou délié au ciel. Encore une fois, le ciel est notre modèle.

### «*Donne-nous aujourd'hui notre pain quotidien*»

Quelqu'un meurt-il de faim au ciel? Bien évidemment non. Cette requête est une application pratique de la manière dont sa domination devrait être vue ici, sur terre: un approvisionnement abondant. Les abus de quelques-uns, dans le domaine de la prospérité, n'excusent pas l'abandon des promesses de Dieu par lesquelles il s'engage à pourvoir abondamment pour ses enfants. C'est sa volonté qu'il en soit ainsi. Si au ciel, la provision est complète et parfaite, il doit en être de même ici-bas. C'est le ciel qui sert de modèle pour le côté matériel de la vie du chrétien. Ce modèle peut satisfaire les besoins de tous ceux qui sont nés de Dieu et il suffira pour toute bonne œuvre.[11] Notre fondement légal pour cela nous vient du modèle céleste qui nous a été donné en Christ-Jésus: «Mon Dieu pourvoira à tous vos besoins selon sa richesse, avec gloire, en Christ-Jésus.»[12] Selon quoi? *Sa richesse.* Comment? *Avec gloire.* Les ressources des cieux doivent nous affecter ici et maintenant.

### «*Pardonne-nous nos offenses comme nous pardonnons aussi à ceux qui nous ont offensés*»

Y a-t-il quelque refus de pardon dans le ciel? Non! Le ciel nous fournit le modèle de toutes nos relations sur terre. «Soyez bons les uns envers les autres, compatissants, faites-vous grâce réciproquement, comme Dieu vous a fait grâce en Christ. Soyez donc les imitateurs de Christ, comme des enfants bien-aimés.»[13] Ces versets indiquent clairement que notre modèle est Jésus-Christ... qui est monté à la droite du Père... Celui dont nous recherchons le royaume. Une fois encore, cette prière illustre un moyen pratique de prier pour que la réalité du ciel exerce son influence sur la terre.

### «*Ne nous laisse pas entrer dans la tentation, mais délivre-nous du Malin*»

Il n'y a pas la moindre tentation ou le moindre péché au ciel. Il n'y a pas la moindre présence de mal. Rester à l'écart du mal est la preuve concrète de notre position sous l'autorité du Roi. Cette prière n'implique pas que Dieu veuille nous tenter. Nous savons d'après Jacques 1.13 qu'il est impossible pour Dieu de nous entraîner à pécher. Ce type de prière est important parce qu'il exige que nous regardions en face notre besoin de la grâce. Il nous aide à aligner notre cœur sur le ciel, à dépendre entièrement de Dieu. Le royaume de Dieu nous offre le modèle qu'il nous faut pour tous les problèmes du cœur. Cette prière est en effet une requête : par elle, nous demandons à Dieu de ne pas nous faire aller au-delà de ce que notre personnalité peut gérer. Il arrive parfois que notre onction et notre don soient prêts à assumer des responsabilités plus grandes, sans pour autant que notre cœur le soit. Quand la promotion vient trop vite, l'impact de notre don engendre une notoriété qui devient le catalyseur de notre chute.

La phrase «délivre-nous du Malin» est rendue parfois «délivre-nous du mal». Le cœur qui a son modèle au ciel a beaucoup de succès dans le combat spirituel. C'est pourquoi il nous est dit : «Soumettez-vous donc à Dieu ; résistez au diable, et il fuira loin de vous».[14]

Jésus a pu dire : «Satan n'a rien en moi.» Le croyant doit être complètement libre de toute influence ou attachement de nature satanique. C'est le cri exprimé par cette prière.

*«Car c'est à toi qu'appartiennent, dans tous les siècles, le règne, la puissance et la gloire. Amen!»*

Le royaume de Dieu est sa possession. C'est pourquoi lui seul peut nous le donner.[15] Quand nous déclarons cette réalité, nous adoptons des déclarations de louange! Tout au long des Écritures, nous entendons des déclarations de louange semblables à celle qui est contenue dans la prière modèle de Jésus, et qui proclame que «la puissance et la gloire» lui appartiennent.

L'un des enseignements les plus importants qu'il m'ait été donné d'entendre l'a été de la bouche de Derek Prince, il y a environ trente ans. C'était un merveilleux message sur la louange. Derek Prince y suggérait que si nous ne disposions que de dix minutes par jour pour prier, nous devrions en passer huit à louer Dieu. Tout ce que nous pouvons dire, en matière de prière, en seulement deux minutes, est très étonnant. Cette idée m'a alors aidé à renforcer la priorité de l'adoration que j'étudiais alors avec mon pasteur, en l'occurrence mon père.

Encore une fois, cette prière poursuit deux objectifs : (1) Le service de Dieu sur la base d'une relation personnelle et intime avec lui, et (2) introduire la réalité de sa souveraineté (le royaume de Dieu) sur terre.

Le plan de cette prière de Matthieu 6.9-13 nous offre l'approche de la prière propre au royaume de Dieu :

1. Louange et adoration

2. Prière pour faire descendre le ciel sur la terre
   a. L'influence du ciel sur les besoins matériels
   b. L'influence du ciel sur les relations personnelles
   c. L'influence du ciel sur notre relation avec le mal

3. Louange et adoration

### « *Cherchez premièrement son royaume et sa justice, et tout cela vous sera donné par-dessus* »[16]

Certes, ce verset ne fait pas partie de la prière modèle que Jésus nous a enseignée dans les versets 9 à 13. Mais il appartient au contexte de son message global sur le royaume de Dieu, et au sermon sur la montagne. Dans ce verset, il établit la priorité qui inclut toutes les valeurs et tous les objectifs du chrétien. *Cherchez premièrement son royaume !*

La compréhension de cette prière nous aide à réaliser le but avoué de toute prière : la seigneurie de Jésus doit être manifeste dans toutes les circonstances de la vie. Quand le royaume de Dieu affronte le péché, le pardon est accordé et le changement touche la nature qui n'avait connu jusque-là que le péché. Quand le règne de Dieu entre en collision avec la maladie, les gens sont guéris. Quand il percute les possédés, ces derniers sont libérés. La nature même du message du royaume de Dieu offre le salut à l'être humain dans son intégralité -- esprit, âme et corps. Voilà ce qu'est l'Évangile de Jésus-Christ.

J'ai toujours eu l'impression que l'expression « et tout cela vous sera donné par-dessus » signifiait que si mes priorités étaient correctes, il ferait en sorte que j'aie ce dont j'avais besoin. Maintenant que je comprends mieux la prière modèle, je ne suis pas certain que c'est vraiment son intention. Il a plutôt voulu dire que, si nous cherchons d'abord son royaume, nous découvrirons que ce royaume vient avec tout ce qu'il renferme. Il vient avec la réponse de Dieu à nos besoins matériels et relationnels, et notre combat contre le mal.

## L'établissement d'une nouvelle franchise

Imaginez que je possède un restaurant très prospère et que vous vouliez acheter le droit à une franchise. En achetant une franchise de mon restaurant, vous investiriez votre argent pour acquérir son nom et tout ce qui va avec: les menus, la décoration qui lui est propre, son programme de management et la qualité de formation réservée à ses employés. Vous seriez tenus de suivre les standards prescrits par le restaurant principal. Les couleurs intérieures seraient également les mêmes, ainsi que le type de meubles et les menus. La politique suivie pour les employés et le mode de gestion seraient la copie conforme de celle du restaurant principal. Je serais amené à imposer l'image du restaurant principal à tous les autres jusqu'à ce que ces derniers lui ressemblent parfaitement.

Quand nous prions pour que son règne vienne, nous lui demandons en réalité d'imposer les règles, l'ordre et les avantages de son univers au «nôtre», jusqu'à ce que le nôtre ressemble parfaitement au sien. C'est ce qui se produit quand les malades sont guéris ou que les possédés sont libérés. Son univers entre en collision avec le monde des ténèbres, et il remporte toujours la victoire. Notre bataille est toujours une bataille en vue de la domination. C'est un conflit entre deux royaumes.

## Créé pour régner

Nous avons été créés pour l'intimité. C'est sur la base de cette intimité que nous avons la mission qui consiste à régner. Gardez à l'esprit qu'il considère ce règne d'une manière différente que la plupart d'entre nous. Nous régnons en servant. Beaucoup se trompent en pensant que ce sont les chrétiens qui doivent diriger les sociétés commerciales, les gouvernements et les ministères. Aussi raisonnable que cela puisse paraître, ce n'est actuellement qu'un *fruit* du vrai but. Le vrai but, c'est la ressemblance à Christ

-- *l'excellence dans l'humilité*. C'est le Seigneur qui accorde les promotions. Si nous passions plus de temps à développer *un cœur conforme au royaume de Dieu*, nous aurions davantage de chrétiens à des postes-clés de direction.

La prière constitue l'activité la plus simple du croyant. L'enfant qui parle à son père... l'amoureux qui parle à son amoureuse... une vraie conversation... parfois à voix haute. Mais la prière peut aussi constituer l'un de nos plus gros problèmes. Dans la relation propre au royaume de Dieu, les formules ne fonctionnent pas.

L'honneur que nous recevons en étant capables de prier dépasse toute compréhension. Nous sommes ses représentants sur terre, les ambassadeurs de son royaume. Nos cris, tous nos cris, touchent son cœur.

## L'essentiel, c'est la prière

L'intimité, c'est le but principal de la prière. C'est par le moyen de la relation personnelle que Dieu nous livre les secrets de son cœur, afin que nous puissions les exprimer dans la prière. C'est ce qu'il a fait avec Siméon et Anne quand il les a poussés à prier pour la venue du Messie bien longtemps avant la naissance de celui-ci.[17] Le retour du Seigneur sera lui aussi précédé par la déclaration de l'Épouse: «L'Esprit et l'épouse disent: Viens!»[18]

Si ces choses devaient arriver de toute façon, quel serait le but de la prière? Dieu s'est visiblement imposé une restriction: intervenir dans les affaires des hommes en réponse à la prière.

Dieu a choisi en effet d'œuvrer à travers nous. Nous sommes les dépositaires de son autorité sur terre, et la prière constitue le moyen par lequel il peut envahir notre planète. Ceux qui ne prient pas permettent aux ténèbres de continuer à régner. L'ennemi concentre ses plus gros efforts de séduction à l'encontre de l'Église dans le domaine du but et de l'effet de la prière.

## La représentation d'un autre monde

«Pour nous, notre cité est dans les cieux; de là, nous attendons comme Sauveur le Seigneur Jésus-Christ.»[19] Paul a écrit ces paroles pour les membres de l'église de Philippes, cité romaine de la Macédoine. Cette ville avait une culture romaine, et vivait sous le règne et la protection du gouvernement romain, tout en se trouvant en Macédoine. Les Philippiens comprenaient très bien la remarque de Paul sur le fait d'être citoyens d'un autre monde. Paul ne parlait pas de monter un jour au ciel, mais de vivre dans le présent comme des citoyens des cieux... et plus particulièrement *du ciel vers la terre*.[20]

Nous avons le privilège de représenter le ciel *dans* ce monde, afin que nous puissions apporter *à* ce monde une manifestation du ciel.

## Un style de vie digne d'ambassadeurs

En tant qu'ambassadeurs, nous vivons dans un monde tout en en représentant un autre. L'ambassade, c'est le quartier général de l'ambassadeur, où il habite et travaille, entouré de son personnel. Ce lieu est considéré en réalité comme une partie du territoire de la nation qu'il représente. Il en est de même pour le chrétien/ambassadeur. La Bible fait cette promesse : «Tout lieu que foulera la plante de votre pied, je vous le donne».[21]

Tout comme les ambassadeurs d'un pays reçoivent un salaire qui est fonction du niveau de vie de ce pays et non de celui dans lequel ils résident, les ambassadeurs du royaume de Dieu vivent selon l'économie des cieux, bien que se trouvant toujours sur terre. Toutes les ressources de notre Roi sont à notre disposition pour pouvoir accomplir sa volonté. C'est comme cela que Jésus a pu parler d'une vie d'«insouciance», et nous exhorter à «regarder les oiseaux du ciel».[22]

En tant qu'ambassadeur, je dispose de l'armée du royaume de Dieu qui m'aide à exécuter les ordres du Roi. Si, dans le cadre de la représentation de ma nation, ma vie est menacée, toute la puissance militaire de mon gouvernement est prête à faire tout ce qui est nécessaire pour me protéger et me délivrer. Ainsi en est-il de l'armée angélique céleste. Elle est là pour «exercer un ministère en faveur de celui qui doit hériter du salut».[23]

Cette mentalité d'ambassadeur, je l'ai emprunté en tout premier lieu à Winkey Pratney. Quand il monte à bord d'un avion, il se rappelle que si d'autres représentent IBM ou XEROX, il représente quant à lui un autre monde. Je suis son exemple et je pratique ce principe depuis près de trente ans. Cela m'a permis de conserver une bonne vision du dessein éternel de chacune de mes sorties.

## Intercession ou session de lamentations

L'une des meilleures raisons pour lesquelles certains ne prient pas est qu'ils ont observé ceux qui priaient. La plupart de ceux qui s'appellent eux-mêmes intercesseurs vivent dans la dépression. Je ne veux pas minimiser l'effet authentique du fardeau que le Seigneur met sur notre cœur quand nous prions avec efficacité. Cet effet est réel et nécessaire, mais il faut reconnaître que ceux qui prétendent être des intercesseurs ont fait la promotion d'un style de vie instable, pour la simple raison qu'ils n'ont pas appris à *relâcher les choses* dans la prière. Le fardeau du Seigneur nous conduit quelque part ! J'ai appris cela par la difficulté.

On m'a enseigné très tôt l'importance de la prière. Le pasteur de notre groupe de jeunesse, Chip Worthington, m'a gardé sur le bon chemin par son enseignement, tout autant que par les nombreux livres qu'il m'a donnés à lire.

J'ai passé beaucoup de temps dans la prière, et j'ai gardé cette habitude à l'âge adulte. Cependant, l'essentiel de ma prière tournait autour de ma propre spiritualité... ou plutôt de son absence. Je me levais tôt et je priais même tard le soir. Dieu honora le sacrifice que je faisais, mais mes victoires personnelles ne coïncidaient pas avec mes temps de prière raffinés. Ils semblaient davantage liés à mes actes de foi. L'accent portant toujours sur moi, j'avais bien du mal à attribuer mes petites victoires à mes propres prières.

Le fait de peiner dans la prière n'est pas toujours le signe d'une vraie intercession. La plupart des chrétiens ne sont pas encore en mesure de faire la différence entre *le fardeau de leur propre incrédulité et celui du Seigneur*. Aujourd'hui, je prie jusqu'à me placer dans une position de foi face à la situation.[24] Quand j'y suis, je vois le problème très différemment. Je le vois dans la perspective du ciel, et mon rôle change, lui aussi. Au lieu de demander à Dieu d'intervenir dans les circonstances que je vis, je commence par commander *aux montagnes de bouger*, en son nom. C'est de cette position de foi (ou de repos) que je découvre mon vrai rôle d'homme de prière.

Priez jusqu'à ce que vous opériez une percée. Puis exercez l'autorité qui vous a été donnée pour accomplir sa volonté dans les circonstances que vous vivez.

## La tempête parfaite

Au sein d'une tempête qui menaçait sa vie, Jésus dormait. Ses disciples le réveillèrent parce qu'ils avaient peur de mourir. Il exerça alors son autorité et imposa la paix au lieu de la tempête. Il s'agissait de la paix du ciel qui le rendait capable de dormir. Et cette même paix assujettit la tempête. *Vous n'avez d'autorité que sur la tempête au sein de laquelle vous pouvez dormir.*

Si, dans une situation particulière, je suis rempli d'anxiété, il me devient difficile de libérer la paix, pour la simple raison que je ne peux donner que ce que j'ai. L'autorité ne fonctionne que sur la base de la paix du ciel.

Après qu'ils eurent reçu l'exaucement de leur prière, en l'occurrence l'apaisement de la tempête, les disciples se virent demander par Jésus pourquoi ils avaient manifesté une telle incrédulité. Aux yeux de la plupart d'entre nous, la réponse à la prière vient récompenser notre grande foi. Dans cet exemple précis, les disciples furent exaucés mais s'entendirent reprocher *leur petite foi*. Jésus s'attendait à ce qu'ils exercent l'autorité qu'il leur avait donnée pour qu'ils puissent eux-mêmes calmer la tempête. Cependant ils lui demandèrent de le faire. Souvent, nous préférons prier que de prendre le risque de l'obéissance.

## En outre...

La théologie la plus correcte ne nous a pas rendus capables d'accomplir la tâche que Jésus nous a donnée il y a deux mille ans. La grande mission d'évangélisation n'a pas été accomplie malgré nos grandes ressources financières ou personnelles. Si nous voulons voir le genre de percées que Jésus a connues, nous devons embrasser ce qu'il a embrassé: le Saint-Esprit. Ce don particulier sera le sujet de notre prochain chapitre. Nous y découvrirons comment le domaine de l'Esprit est aussi celui du royaume de Dieu.

# Notes

1. Albert Hibbert à propos de Smith Wigglesworth, The Secret of His Power, page 47, Tulsa, OK, Harrison House, Inc. (C) 1982.
2. John G. Lake, His Sermons, His Boldness of Faith, page 313, Ft. Worth, TX, Kenneth Copeland Publications, (C) 1994.
3. Voir Habakuk 3.2-4.
4. Voir Exode 23.28.
5. Voir Apocalypse 1.1.
6. Psaume 22.3
7. Psaume 144.14.
8. Voir 1 Corinthiens 2.9-10 et Éphésiens 3.20-21.
9. 2 Corinthiens 3.17.
10. Matthieu 16.19. (Dans le texte anglais, l'auteur utilise une traduction qui rend les deux formes verbales sera lié et sera délié par aura été lié et aura été délié, ndt).
11. 2 Corinthiens 9.8.
12. Philippiens 4.19.
13. Éphésiens 4.32-5.1.
14. Jacques 4.7.
15. Voir Luc 12.32.
16. Matthieu 6.33.
17. Luc 2.25-38.
18. Apocalypse 22.17.
19. Philippiens 3.20.
20. Nous en parlerons davantage plus tard...
21. Josué 1.3.
22. Voir Matthieu 6.26.
23. Voir Hébreux 1.14.
24. Parfois, la situation est trop sérieuse pour que nous puissions la gérer en une seule session de prière. Il est évident que, dans un tel cas, nous devons continuer à semer dans ce besoin de prière. Mais il ne fait de bien à personne d'agir ainsi sous le «nuage» de notre incrédulité.

# Le royaume
## et l'Esprit

## CHAPITRE 6

*« En vérité, je vous le dis, parmi ceux qui sont nés*
*de femmes, il ne s'en est pas levé de plus grand que*
*Jean-Baptiste. Cependant, le plus petit dans le royaume*
*des cieux est plus grand que lui. »*[1]

Jean-Baptiste a été la marque de la marée haute pour tous ceux qui ont vécu sous l'Ancienne Alliance. Mais les plus petits de la nouvelle ère étaient nés pour le surpasser, grâce à leur relation avec le Saint-Esprit.

Les membres de notre église et les étudiants de l'École du ministère surnaturel connaissent souvent ce privilège.

Un étudiant nommé Jason commandait un jour son repas, à l'intérieur d'un fast-food. Non content de ne parler de Christ qu'aux membres du personnel qui se trouvaient au comptoir, il a commencé à parler à trois hommes qui se trouvaient dans une voiture, à la fenêtre du drive-in! Une fois servi, Jason a remarqué qu'ils s'étaient stationnés pour manger. Il reprit alors la conversation avec eux et se rendit vite compte que celui qui était assis sur la banquette arrière avait la jambe cassée. Il grimpa aussitôt dans la voiture et invita le Saint-Esprit à venir. Et il vint. L'homme se mit alors à jurer. Il ne comprenait pas pourquoi le *feu* du Saint-Esprit était dans sa jambe. Ils sautèrent tous de la voiture, et l'homme enleva son attelle et se mit à frapper du pied par terre. Il était complètement guéri ! Les trois hommes étaient si émus de voir la bonté de Dieu qu'ils ouvrirent le coffre de leur voiture, qui se trouvait rempli de drogue. Ils jetèrent aussitôt les narcotiques par terre, se mirent à danser sur eux et les détruisirent ! Jason conduisit ensuite les trois hommes à l'Alabaster House, un local où se tenaient des réunions de prière 24 heures sur 24, et il les amena à Christ. La bonté du Seigneur les conduisit à la repentance. Voilà la vie chrétienne normale.

Le Saint-Esprit est l'agent du ciel qui rend ce genre de rencontres possibles. Il en fait même la norme pour tous ceux qui veulent bien le suivre.

## La nouvelle norme

Jésus établit une norme lorsqu'il dit : «Jean-Baptiste était le plus grand de tous les prophètes de l'Ancien Testament». Il n'a jamais accompli le moindre miracle dont nous connaissions l'existence. Son ministère était glorieusement nécessaire, mais pas du genre à être comparé à celui des prophètes les plus spectaculaires, comme Élie ou Daniel. Cependant, Celui qui sait tout dit qu'il est le plus grand. Ce passage contient une vérité qui nous aide à voir tout notre potentiel, d'un point de vue céleste. C'est une vérité tellement merveilleuse que l'ensemble de l'enfer a fait sa priorité d'essayer de nous éloigner de sa simplicité.

Cela étant dit, nous découvrons aussitôt une autre nouvelle : «celui qui est le plus petit dans le royaume des cieux est plus grand que lui». Jésus ne dit pas ici que ceux qui sont maintenant au ciel étaient plus grands que Jean. Une telle déclaration n'aurait aucun sens. Il parlait simplement d'un domaine de vie qui serait bientôt à la disposition de chaque croyant. Jean a prophétisé sur la venue de Christ, et il est allé jusqu'à confesser son besoin personnel de cette venue.

> *« Celui qui vient après moi est plus puissant que moi...*
> *Lui vous baptisera d'Esprit Saint et de feu. »*[2]

> *« Jésus vint... pour être baptisé. Mais Jean s'y opposait en*
> *disant: C'est moi qui ai besoin d'être baptisé par toi ! »*[3]

Jean a confessé ainsi son besoin personnel du baptême de Jésus. Aucun prophète de l'Ancien Testament, pas même Jean, ne possédait ce qui allait être offert *au plus petit des saints*. Il s'agissait du baptême dans le Saint-Esprit qui est devenu le but de Dieu pour l'humanité.

Le baptême dans le Saint-Esprit met à la disposition de chacun d'entre nous un style de vie auquel pas même Jean n'avait accès. Jésus nous a mis en appétit pour ce genre de vie par son exemple, puis il nous a laissé la promesse de sa disponibilité.

## Un but suprême

Il existe une différence entre les buts ultimes et les buts immédiats. Atteindre avec succès un but immédiat permet d'atteindre ensuite un but suprême. Mais l'échec dans la recherche du but immédiat nous empêche d'atteindre le but suprême.

Les joueurs de bowling le savent très bien. Dans chaque couloir, il y a non seulement dix quilles, au bout, mais également des marques. Le bon joueur sait comment lancer et faire tourner sa boule pour viser la marque, qui constitue ainsi sa cible immédiate. Cependant, il n'est crédité d'aucun point, s'il atteint ce but immédiat. Les points ne sont attribués qu'à celui qui atteint la cible suprême ou finale : les quilles qui sont au bout du couloir.

De même, nous pouvons dire que le salut n'était pas le but suprême de la venue de Christ. Ce n'était que le but immédiat... la marque dans le couloir. Si Jésus n'avait pas accompli la rédemption, il n'y aurait pas eu d'espoir pour le but suprême, qui était de remplir chaque croyant né de nouveau du Saint-Esprit. Le désir de Dieu pour le croyant est qu'il déborde de sa présence, afin que nous soyons «remplis jusqu'à toute la plénitude de Dieu».[4] La plénitude du Saint-Esprit dont il est parlé ici n'avait rien à voir avec ce qui avait été expérimenté jusqu'alors. C'est pour cette raison que le plus grand de tous les prophètes de l'Ancien Testament a pu faire cette confession: «C'est moi qui ai besoin d'être baptisé par toi.» Ce qui voulait dire: «J'ai besoin de ton baptême... Celui que l'on m'a chargé d'annoncer!»

Le baptême dans le Saint-Esprit met à la disposition de chacun d'entre nous un style de vie auquel pas même Jean n'avait accès. Pensez un instant: si nous voyagions à partir de cette planète dans n'importe quelle direction à la vitesse de la lumière, soit à près de 300 000 kilomètres à la seconde, et pendant des milliards d'années, nous ne commencerions même pas à épuiser ce dont nous connaissons actuellement l'existence. Tout cela tient dans la paume de sa main, et c'est *ce* Dieu-*là* qui veut nous remplir de sa plénitude. Cela devrait faire la différence!

## Une image de l'Ancien Testament

Les Israélites ont pu quitter l'Égypte lorsque le sang d'un agneau a été versé et appliqué aux linteaux des portes de leurs maisons. De même, nous avons été libérés du péché lorsque le sang de Jésus a été appliqué à nos vies. Les Israélites sont arrivés très vite à la mer Rouge. La traversée de cette masse d'eau est appelée *le baptême de Moïse*.[5] De même, après notre conversion, nous affrontons les eaux du baptême. Quand les Israélites sont finalement entrés dans la Terre Promise, ils y sont entrés en traversant une rivière, ce qui nous parle d'un autre baptême.

Ce baptême n'était pas un éloignement du péché. Cet éloignement est illustré par leur sortie d'Égypte. Le nouveau baptême devait les conduire vers un mode de vie différent. Par exemple, ils ont livré des combats dans le désert, de ce côté du fleuve, et ils les ont gagnés. Mais une fois qu'ils ont traversé le Jourdain, ils ont découvert que leurs combats allaient être livrés différemment. Ils allaient maintenant devoir marcher autour d'une ville en silence pendant plusieurs jours, avant de pousser un cri et d'observer les murailles tomber.[6] Plus tard, ils se verraient défier d'envoyer une chorale devant eux, quand ils partiraient au combat.[7] Puis, en une autre occasion, Dieu renverrait volontairement chez eux 30 000 soldats afin qu'il puisse lui-même mener le combat avec 300 hommes, munis de torches et de trompettes.

C'est lui qui rend la Terre Promise possible, et c'est nous qui payons le prix pour y vivre. Si nous lui offrons quelque chose qui vaille la peine d'être brûlé, il nous donnera son baptême de feu.

Ce baptême dans le Saint-Esprit est l'accomplissement de l'image de l'entrée dans la Terre Promise que nous trouvons dans l'Ancien Testament. Imaginez que les enfants d'Israël aient choisi de traverser le Jourdain, mais s'étaient contentés ensuite de vivre sur les berges de la rivière. Ils seraient passés à côté du dessein de Dieu pour lequel ils avaient traversé cette rivière. Il y avait des nations à détruire et des villes à conquérir. La satisfaction qui se passe des desseins de Dieu contient en elle-même l'apprentissage de la vie avec l'ennemi. Il en est de même lorsque le croyant, qui est baptisé dans le Saint-Esprit, ne va pas au-delà du parler en langues. Quand nous trouvons le contentement en dehors du dessein suprême de Dieu qui est son règne, nous apprenons ni plus ni moins à tolérer la présence du diable dans certains domaines de notre vie. Aussi glorieux que soit le parler en langues, ce n'est que la porte d'entrée dans un style de vie puissant. Cette puissance ne nous a été donnée que pour que nous puissions conquérir les forteresses de l'enfer et en prendre possession pour la gloire de Dieu.

## Le royaume vient avec puissance

> « Quelques-uns de ceux qui se tiennent ici ne goûteront point la mort avant d'avoir vu le royaume de Dieu venir avec puissance. »[8]

Chaque fois que les Évangiles citent cette phrase, ils la font suivre de l'incident qui s'est passé sur le mont de la Transfiguration. Certains pensent que cela signifie que ce qui arrivé à Jésus sur la montagne n'était rien d'autre que la venue du royaume avec puissance. Cependant, si tel était le cas, pourquoi Jésus aurait-il eu besoin d'insister sur le fait que certains ne mourraient pas tant qu'ils n'auraient pas vu le royaume venir avec puissance? Jésus parlait d'un événement beaucoup plus grand. Il parlait de la future *promesse du Père...* de l'événement qui nous revêtirait de la puissance d'en-haut -- le baptême dans le Saint-Esprit.

D'une certaine manière, j'avais toujours pensé que le baptême dans le Saint-Esprit était un événement unique. J'ai reçu ce jour-là mon langage de la prière. Point final. Mais ce n'est pas ce que la Bible enseigne. Dans Actes 2, nous voyons les 120 recevoir le baptême dans l'Esprit alors qu'ils se trouvent dans la chambre haute. Cependant, en Actes 4, nous voyons la majeure partie de ce groupe être *remplie à nouveau*. Certains l'ont expliqué ainsi: il y a un seul baptême, mais plusieurs «remplissages». Pourquoi cela? Parce qu'il y a des fuites.

Pendant les dix dernières années, le feu du réveil a été porté par Rodney Howard-Browne, et il s'est senti chez lui à Toronto et à Pensacola. Les gens viennent du monde entier vers ces différents *points d'eau*, parce qu'ils ont une faim spirituelle instinctive. Dans certains endroits, ils font la queue, attendant qu'on prie pour eux. En d'autres lieux, ils se regroupent autour d'une estrade, attendant que quelqu'un soit utilisé par Dieu pour leur imposer les mains et les bénir. Les critiques ont appelé cette activité un «club du bénis-moi». Personnellement, si ceux qui reviennent sans cesse pour recevoir une autre bénédiction ne me posent pas de problème, c'est parce que la bénédiction de Dieu me passionne. J'*ai besoin* de sa bénédiction. Le problème ne réside pas dans le fait de recevoir encore la bénédiction de Dieu. Il réside plutôt dans le refus de la transmettre aux autres une fois que nous l'avons reçue nous-mêmes.

Le temps passé à bénéficier de la prière est devenu un moyen que Dieu a utilisé pour remplir encore davantage de lui-même son peuple. C'est devenu une méthode utilisée dans ces moments de partage.

## Le royaume, domaine de l'esprit

> «*Mais si c'est par l'Esprit de Dieu que moi, je chasse les démons, le royaume de Dieu est donc parvenu jusqu'à vous.*»[9]

Retenez bien cette phrase: «Par l'Esprit de Dieu... le royaume de Dieu.» Le Saint-Esprit inclut le royaume. S'ils ne sont pas identiques, ils n'en sont pas moins inséparables. Le Saint-Esprit accentue la seigneurie de Jésus, marquant son territoire de la liberté qui lui est propre.[10] Le domaine du Roi se manifeste de manière visible par son œuvre.

La seconde partie de ce verset révèle la nature du ministère. Le ministère sous l'onction provoque la collision de deux mondes: le monde des ténèbres et le monde de la lumière. Ce texte biblique nous révèle la nature de la délivrance. Quand le royaume de Dieu vient sur quelqu'un, les puissances des ténèbres sont obligées de partir.

Quand on allume la lumière, les ténèbres ne résistent pas. Il n'y a pas débat. L'obscurité ne résiste pas pendant plusieurs minutes avant que la lumière finisse par triompher. Bien au contraire, la lumière est tellement supérieure aux ténèbres que son triomphe est immédiat.

Le Saint-Esprit ne porte pas de blessures de guerre. Ils ne porte pas de traces de morsures, suite à son combat avec le royaume des démons en vue de l'obtention de la souveraineté. Jésus est Seigneur. Point final. Ceux qui apprennent à travailler avec le Saint-Esprit provoquent la collision entre la réalité de l'univers de Dieu (sa domination) et les puissances des ténèbres qui exercent leur pouvoir sur une personne ou une situation précise. Plus Sa présence se manifeste, plus vite la victoire sera acquise.

## La valeur de sa présence

Le Saint-Esprit est de loin le plus grand don qui nous ait été fait. Ceux qui découvrent toute la valeur de sa présence pénètrent dans l'intimité de Dieu, ce qu'ils ne croyaient pas possible auparavant. De cette relation vitale, naît un ministère de puissance qui n'était jusque-là qu'un rêve. L'incompréhensible devient possible parce que Dieu est avec nous.

«Je serai avec vous»: cette promesse, Dieu l'a faite à tous ses serviteurs. Moïse l'a entendue quand il s'est vu défier de libérer Israël d'Égypte.[11] Josué a reçu cette promesse quand il a conduit Israël dans la Terre Promise.[12] Quand Gédéon a reçu l'appel de Dieu à libérer Israël, Dieu a scellé cet appel de la même promesse.[13] Dans le Nouveau Testament, cette promesse a été faite à tous les croyants, par le biais de la grande mission d'évangélisation.[14] Dieu nous la rappelle quand il nous demande de faire ce qui est humainement impossible. Il est important de voir cela. C'est la présence de Dieu qui nous relie à l'impossible. J'ai l'habitude de dire aux membres de notre église: «Il est en moi pour mon bien, mais il est sur moi pour votre bien». Sa présence rend toutes choses possibles!

Dieu n'a pas besoin d'essayer de faire des choses surnaturelles. Il est surnaturel lui-même. Il faudrait qu'il essaie, pour ne plus l'être. S'il est invité à intervenir dans une situation donnée, nous ne devons pas nous attendre à autre chose qu'à une invasion d'origine surnaturelle.

## Sa présence est dans nos ombres

L'un des privilèges du ministère consiste à apprendre comment libérer la puissance du Saint-Esprit dans un lieu particulier. Quand j'exerçais le ministère pastoral à Weaverville, en Californie, les bureaux de notre église se trouvaient au centre-ville. Juste en face, se trouvait un bar, et de l'autre côté, il y avait un autre bar. Ce quartier de la ville était le centre commercial de l'ensemble du comté, l'endroit idéal pour les bureaux d'une église!

Il ne sert à rien que des chrétiens traitent toujours avec d'autres chrétiens. Nous sommes sel et lumière. Nous brillons beaucoup plus dans les lieux sombres! J'aime beaucoup le monde des affaires et les hommes d'affaires. Je m'intéresse énormément à leurs succès. Avant d'entrer dans un magasin, je prie souvent que la puissance du Saint-Esprit y soit libérée par mon moyen. Si l'article que je viens chercher se trouve dans une certaine section du magasin, je me dirige vers la section opposée, afin d'avoir la possibilité de traverser l'ensemble du magasin. J'ai eu ainsi de nombreuses occasions de parler de l'Évangile, car j'ai appris à libérer sa présence dans les endroits commerciaux.

Au temps de Pierre, les gens déposaient les malades dans les rues afin qu'à son passage, son ombre puisse les couvrir et qu'ainsi, ils reçoivent la guérison.[15] Néanmoins, ce n'était pas l'ombre de Pierre qui amenait la guérison. Une ombre n'a aucune substance. Pierre lui-même vivait à l'ombre du Saint-Esprit, et c'était cette présence qui produisait les miracles. L'onction est une expression de la personne du Saint-Esprit. Ce dernier est tangible. À certains moments, pendant le ministère de Jésus, ceux qui touchaient son vêtement étaient guéris ou délivrés.[16] L'onction est une substance. C'est la présence réelle du Saint-Esprit, qui peut être libérée dans notre entourage.

## Résurrection en Afrique

Le pasteur Surprise est un leader apostolique qui travaille avec Rolland et Heidi Baker, de l'Iris Ministries, au Mozambique. Au cours d'une campagne d'évangélisation pendant laquelle il prêchait, une petite fille de 9 ans est morte. Cet événement fit naître une menace pour la suite de la campagne. Le village entier était dans la tristesse. Le lendemain, le pasteur Surprise se rendit chez la famille. Il trouva le corps de la fillette toujours dans la hutte, à l'endroit même où elle était décédée, la veille au soir. Pendant qu'il priait pour la famille, il tenait la main de l'enfant. Il ne priait pas pour qu'elle ressuscite. Cependant, au bout de quelques minutes, la petite fille lui serra la main. Elle fut ainsi ressuscitée, quelque 12 heures après sa mort, pour la simple raison qu'une personne était remplie du Saint-Esprit. Il débordait de la puissance de résurrection de Jésus qui l'avait rempli, pendant qu'il essayait de consoler la famille !

Une bouteille n'est pleine que lorsqu'elle déborde. Il en est de même avec le Saint-Esprit. On constate la plénitude quand il y a débordement. Quand nous nous livrons à de l'introspective, nous limitons le flot du Saint-Esprit. Nous ressemblons alors à la mer Morte : les eaux s'y jettent, mais rien n'en ressort. Ainsi, il ne peut y avoir aucune vie en elle, car ses eaux stagnent. Le Saint-Esprit est libéré par la foi et la compassion. Or, la foi et la compassion ne sont jamais égocentriques.

## Suivre son leader hors des limites de la carte

L'histoire nous enseigne une grande leçon, par la vie d'un grand chef militaire. Alexandre le Grand a conduit ses armées de victoire en victoire. Son désir toujours plus grand de conquêtes le conduisit jusqu'au pied de l'Himalaya. Il voulait passer au-delà de ces montagnes à l'altitude intimidante. Cependant, personne ne savait ce qu'il y avait derrière. Les plus anciens de ses généraux étaient troublés par sa nouvelle vision. Pourquoi? Parce qu'ils étaient parvenus aux limites de leurs cartes géographiques. Aucune carte ne mentionnait ce qu'il y avait derrière, et qu'Alexandre voulait conquérir. Ces généraux devaient prendre une décision: soit ils suivaient leur chef au-delà de leurs cartes, soit ils se contenteraient de vivre dans ses limites. Ils choisirent finalement de suivre Alexandre le Grand.

Quand nous suivons le Saint-Esprit, nous pouvons nous trouver devant le même dilemme. S'il est vrai qu'il ne contredit jamais la parole de Dieu, il n'en apprécie pas moins de contredire notre compréhension d'elle. Ceux qui se sentent en sécurité dans leur compréhension intellectuelle des Écritures jouissent d'un faux sentiment de sécurité. Aucun d'entre nous ne comprend pleinement les Écritures. Mais nous avons tous le Saint-Esprit. Il est notre dénominateur commun qui nous conduira toujours dans la vérité. Mais pour le suivre, nous devons être prêts à nous aventurer au-delà des limites de la carte, dans l'inconnu. Pour y parvenir avec succès, nous devons reconnaître sa présence souveraine.

Il existe une grande différence entre la manière dont Jésus a exercé son ministère et la manière dont il est exercé aujourd'hui par l'Église. Jésus dépendait complètement de ce que le Père disait ou faisait. C'est le style de vie qu'il a illustré après son baptême du Saint-Esprit. Il a alors suivi la direction du Saint-Esprit, même quand cela pouvait paraître déraisonnable, ce qui était souvent le cas.

Trop souvent, l'Église vit selon une approche intellectuelle des Écritures, et sans la moindre influence du Saint-Esprit. Nous disposons de programmes et d'institutions qui n'ont nullement besoin du Saint-Esprit pour survivre. En fait, la majeure partie de ce que nous appelons le «ministère» ne possède pas la moindre sauvegarde pour nous assurer qu'il est seulement présent. Si nous ne mettons pas l'accent sur la présence de Dieu, nous finirons par faire de notre mieux pour Dieu, mais rien de plus. Nos intentions auront beau être nobles, elles n'auront pas la moindre puissance.

Quand Jason a commencé à parler de l'Évangile par la fenêtre du drive-in du fast-food, ses actions se situaient *hors des limites de la carte*. Elles ont pourtant porté du fruit pour le Roi.

## La compassion et la libération de sa puissance

C'est souvent lorsqu'il était ému de compassion que Jésus guérissait. Je détecte fréquemment la direction du Saint-Esprit, en reconnaissant d'abord son affection pour la personne. Quand on est attirée vers une personne par la compassion, cela signifie d'ordinaire qu'elle va faire l'objet d'un ministère surnaturel, qu'il s'agisse d'une parole d'encouragement, ou bien d'un miracle de guérison ou d'une délivrance. L'amour pour les gens fait partie de l'emploi du temps de Christ. Si j'abandonne mon propre emploi du temps pour adopter le sien, je me rends disponible pour lui.

Le Saint-Esprit, c'est l'agent de l'invasion du ciel. Dans le prochain chapitre, nous verrons pourquoi sa présence terrifie toutes les puissances de l'enfer.

## Notes

1. Matthieu 11.11.
2. Matthieu 3.11.
3. Matthieu 3.14.
4. Éphésiens 3.19.
5. 1 Corinthiens 10.2.
6. Josué 6.
7. 2 Chroniques 20.21.
8. Marc 9.1.
9. Matthieu 12.28.

10. 2 Corinthiens 3.17.
11. Exode 3.12.
12. Josué 1.9.
13. Juges 6.16.
14. Matthieu 28.19.
15. Actes 5.15.
16. Marc 6.56.

# L'onction
## et l'esprit de l'antichrist

## CHAPITRE 7

*« Christ n'est pas le nom de famille de Jésus.*
*Le mot Christ signifie 'oint' ou 'Messie'. C'est un titre qui*
*parle d'une expérience. Il ne suffisait pas, en effet,*
*que Jésus descende du ciel sur la terre avec un titre.*
*Il fallait aussi qu'il reçoive l'onction, lors d'une expérience,*
*pour qu'il accomplisse ce que le Père désirait. »*

L e verbe « oindre » signifie « enduire. » Le Saint-Esprit est l'huile de Dieu dont Jésus a été enduit lors de son baptême d'eau.[1] Le nom Jésus-Christ veut dire que Jésus est celui qui a été enduit du Saint-Esprit.

Il existe cependant un autre esprit qui s'efforce depuis toujours de tendre des embuscades à l'Église. C'est cette puissance dont l'apôtre Jean parle, quand il dit : « Voici qu'il y a maintenant plusieurs antichrists ».[2] La nature de l'esprit de l'antichrist est contenue dans son nom même : *anti* signifie « contre » et *Christ* « celui qui est oint ».

Jésus a vécu sur terre avec les limitations imposées à l'homme. Il a mis sa divinité de côté[3] et cherché à accomplir la tâche qui lui avait été confiée par son Père. Cette tâche consistait à vivre une vie d'homme sans pécher, et mourir ensuite à la place de l'humanité pécheresse. Cela revêtait une importance essentielle dans le plan divin de rédemption de l'humanité. Le sacrifice qui devait expier le péché devait être celui d'un agneau (animal faible), et il devait être sans tache (sans péché).

L'onction que Jésus a reçue représente l'équipement néces-saire, qui lui a été donné par le Père pour lui permettre de vivre une vie qui aille au-delà des limites de l'homme. Il devait, en effet, non seulement racheter l'homme mais également révéler le Père. En agissant ainsi, il devait dévoiler le royaume du Père appelé «ciel». Cela signifiait entre autres qu'il devait accomplir des actes surnaturels. L'onction, c'est ce qui liait Jésus, l'homme, à Dieu, le rendant capable de détruire les œuvres du diable. Ces moyens miraculeux ont permis de mettre en marche une chose dont les hommes pourraient hériter une fois rachetés. Le ciel -- le royaume surnaturel -- devait devenir le pain quotidien des hommes.

Son existence «au présent», Jésus l'a définie quand il a dit : «Le royaume des cieux est proche». Ce qui signifie que le ciel n'est pas seulement notre destination finale, mais également une réalité présente, à portée de la main.

## Les caractéristiques de l'onction

Pour accomplir sa mission, Jésus avait besoin du Saint-Esprit. Cette mission, avec tous ses objectifs, consistait à accomplir l'œuvre du Père.[4] Si le Fils de Dieu dépendait à ce point de l'onction, son comportement devrait rendre encore plus évident notre besoin de la présence du Saint-Esprit pour accomplir la tâche que Dieu nous a confiée. Nous discuterons plus en détail cette question dans un prochain chapitre. Dès à présent, il est important que nous comprenions que nous devons être revêtus du Saint-Esprit pour exercer un ministère surnaturel. Dans l'Ancien Testament, c'est l'onction qui rendait le prêtre apte au ministère sacerdotal.[5]

L'exemple de Jésus nous montre qu'il en est de même dans le Nouveau Testament: l'onction produit des résultats surnaturels.

Cette onction est ce qui a rendu Jésus capable de *ne faire que ce qu'il voyait son Père faire*, et de *ne dire que ce qu'il entendait son Père dire*. C'était le Saint-Esprit qui révélait le Père à Jésus.

Il semblerait qu'avec toute la signification attachée au nom «Jésus», toute personne qui essaierait de miner son œuvre de rédemption pourrait être appelée «anti-Jésus», et non «anti-Christ». Les religions reconnaissent elles-mêmes l'homme Jésus. Elles le considèrent au moins comme un maître ou un prophète, et peut-être comme «un» fils de Dieu. Cette horrible erreur nous permet de comprendre pourquoi le mot «antichrist» a été donné à l'esprit d'opposition. Les esprits de l'enfer sont en guerre contre l'onction car, sans elle, l'humanité ne représente pas la moindre menace à leur domination.

L'intérêt porté par Jésus à l'humanité a été loué et son humilité révérée, mais c'est son onction qui a libéré le surnaturel. C'est l'invasion surnaturelle de Dieu qu'ont rejetée en réalité les chefs religieux. Cette onction est en réalité la personne du Saint-Esprit qui descend sur quelqu'un pour l'équiper afin qu'il accomplisse des tâches surnaturelles. Le Saint-Esprit est tellement révéré, au sein de la Trinité, que Jésus a dit: «Quiconque parlera contre le Fils de l'homme, il lui sera pardonné, mais quiconque parlera contre le Saint-Esprit, il ne lui sera pardonné ni dans ce siècle, ni dans le siècle à venir.»[6]

## Le ministère de puissance

C'est parce que Jésus exerçait son ministère dans la puissance du Saint-Esprit que les gens quittaient tout pour le suivre. Ils étaient comme attirés par le surnaturel qui s'exprimait en paroles et en actes. Les paroles de Jésus touchaient le cœur des hommes, tandis que ses œuvres révélaient le cœur du Père. L'onction du Saint-Esprit changeait pour toujours la vie des humbles. Mais c'est également parce que Jésus exerçait son ministère dans la puissance du Saint-Esprit que les orgueilleux se sentaient offensés et qu'il finit sur la croix. Le même soleil qui fait fondre la glace fait durcir l'argile. De même, une même action de Dieu peut produire deux réactions complètement différentes. Tout dépend de l'état des cœurs des gens.

Dieu est notre Père, et nous héritons de lui un certain code génétique. Chaque enfant de Dieu a en lui une ADN spirituelle qui lui donne un désir de surnaturel. Il s'agit de notre sens prédéterminé de notre destinée. Cette passion qui est née en Dieu se dissipe quand l'enseignement que nous avons reçu et notre manière de raisonner la font disparaître, ou bien quand elle n'est pas entretenue, ou encore enterrée sous la déception.[7]

L'esprit de l'antichrist est à l'œuvre aujourd'hui. Il cherche à infuencer les croyants pour qu'ils rejettent tout ce qui a un rapport quelconque avec l'onction du Saint-Esprit. Ce rejet peut prendre diverses formes religieuses mais à la base, cela se réduit à ceci : nous rejettons ce que nous ne pouvons pas contrôler. Cet esprit s'efforce de réduire l'Évangile à un message purement intellectuel, plutôt qu'à une rencontre surnaturelle avec Dieu. Il tolère que l'on parle de puissance, à condition que ce soit au passé. À l'occasion, il tolère que la puissance puisse concerner des gens qui se trouvent au loin. Mais il ne s'attend jamais à ce que l'onction puissante de Dieu soit disponible ici et maintenant. L'esprit de contrôle œuvre à l'encontre de l'élément que Dieu préfère en l'homme : la foi. La confiance est mal placée quand elle s'ancre dans la capacité de l'homme à raisonner.

C'est l'esprit de l'antichrist qui a donné naissance aux esprits religieux. L'esprit religieux est une présence démoniaque qui nous pousse à nous laisser diriger par notre propre intellect plutôt que par l'Esprit de Dieu. Être conduit par l'Esprit, c'est une rencontre permanente avec Dieu. La religion idolâtre les concepts et évite l'expérience personnelle. Elle cherche à nous faire adorer des réalisations passées aux dépens de l'activité présente de Dieu dans notre vie. Cet esprit se nourrit souvent des résidus des réveils du passé. Sa tactique préférée consiste à sculpter dans la pierre une idéologie tirée des mouvements spirituels passés. Elle valorise par exemple les larmes et méprise les rires. Cela fait penser à l'idolâtrie, n'est-ce pas ? Tout ce qui prend la place de la dépendance du Saint-Esprit et de son action puissante peut être relié à l'esprit d'opposition.

## Au-delà de la raison

Quand on suit l'onction (le Saint-Esprit), on ressemble à Israël qui suivait la nuée de la présence de Dieu dans le désert. Les Israélites n'avaient aucun contrôle sur cette nuée. Elle les conduisait, et ils la suivaient. Partout où elle allait, elle était accompagnée d'activités surnaturelles. S'ils s'éloignaient d'elle, les miracles qui les soutenaient disparaissaient. Pouvez-vous imaginer ce qui serait arrivé si nos théologiens qui sont mûs par la crainte avaient été avec eux ? Ils auraient élaboré de nouvelles doctrines pour expliquer pourquoi le ministère surnaturel qui les avait faits sortir d'Égypte n'était plus nécessaire pour permettre leur entrée dans la Terre Promise. Après tout, ils disposaient maintenant des tables de pierre. Cependant, tout comme aujourd'hui, la vraie question, qui doit être notre priorité, c'est celle de sa présence avec nous. Quand cela demeure intact, le surnaturel abonde, mais sans lui, nous sommes contraints d'inventer de nouvelles doctrines pour expliquer pourquoi nous nous trouvons bien comme nous sommes.

Pour rester dans le vocabulaire du Nouveau Testament, disons que le fait que nous sommes des gens qui mettent l'accent sur sa présence sous-entend que nous sommes disposés à vivre au-delà de la raison. Non par impulsion ou par folie, car elles constituent de bien pâles imitations de la vraie foi. Non. Le royaume qui se trouve au-delà de la raison, c'est celui de l'obéissance à Dieu. L'obéissance est l'expression de la foi, et la foi est notre billet d'entrée dans le règne de Dieu. D'une manière assez étrange, cet accent mis sur sa présence nous fait devenir comme le vent, qui dépeint lui aussi la nature du Saint-Esprit.[8] Sa nature est puissance et justice, mais ses voies sont incontrôlables. Il est imprévisible.

En tant que leaders spirituels, nous sommes comme frappés à notre point faible. Dans la plupart des églises, très peu de ce qui est fait dépend du Saint-Esprit. S'il ne devait pas se montrer, la plupart d'entre elles n'en sentiraient pas l'absence. On attribue à

Billy Graham cette déclaration: «Quatre-vingt-quinze pour cent des activités des églises d'aujourd'hui continueraient si le Saint-Esprit s'en allait. Dans l'Église du Nouveau Testament, quatre-vingt-quinze pour cent des activités auraient cessé de suite si le Saint-Esprit s'en était allé». Je crois qu'il a raison. Nous planifions nos réunions, et nous parlons de zèle. Nous faisons un planning annuel, et nous parlons de vision. Je n'oublierai jamais le dimanche où le Seigneur m'a informé que ce n'était pas mon culte, et que je n'allais pas faire ce que je voulais. (Le planning est biblique. Mais notre zèle et notre vision ne doivent jamais aller jusqu'à usurper l'autorité du Saint-Esprit. La seigneurie de Jésus se voit dans notre disposition à suivre la direction du Saint-Esprit. Il veut que son Église revienne à lui!) Mais comment pouvons-nous le suivre si nous ne reconnaissons pas sa présence?

Plus sa présence se manifeste, plus les rencontres avec Dieu sont uniques. Bien que les expériences que nous faisons, quand nous le rencontrons, sont importantes, c'est après Dieu que nous aspirons.

## Il savait qu'il nous mettrait mal à l'aise

La plupart d'entre nous trouvent difficile de suivre la direction du Saint-Esprit parce qu'ils n'ont qu'une expérience limitée de lui. La plupart ne le connaissent que comme celui qui convainc de péché ou qui réconforte quand on est troublé. La vérité, c'est que nous ne sommes pas vraiment habitués à reconnaître la présence du Saint-Esprit. Nous sommes surtout habitués à une petite liste de manifestations acceptables qui ont lieu parfois, quand il se manifeste, comme des larmes, ou une sensation de paix que nous avons quand nous entendons notre chant préféré. Mais peu nombreux sont ceux qui le reconnaissent en personne. Le pire, c'est que la plupart le rejettent sans le savoir soit parce qu'il se montre d'une manière à laquelle nous ne sommes pas habitués, soit parce qu'il n'est pas venu comme par le passé. (Pensez à l'arrogance avec laquelle on rejette automatiquement tout ce que l'on ne comprend pas ou ce que nous n'avons jamais reconnu comme faisant partie de l'Écriture. Ce qui implique que si Christ ne l'a pas fait ou ne nous l'a pas montré en premiers, il ne le ferait sans doute pas pour quelqu'un d'autre.)

Même si rares sont ceux qui l'admettront, l'attitude de l'Église pendant ces dernières années pourrait se résumer ainsi: «Si je ne suis pas à l'aise avec une chose, cela ne peut pas venir de Dieu». Cette attitude a donné naissance à de nombreux chiens de garde auto-proclamés qui empoisonnent l'Église avec leurs propres craintes. La faim de Dieu produit la crainte de la tromperie. En quoi puis-je mettre davantage ma confiance: ma capacité à être trompé ou sa capacité à me garder? Et pourquoi croyez-vous qu'il nous a donné le Consolateur? Parce qu'il savait très bien qu'en tout premier lieu, ses voies nous mettraient mal à l'aise.

## Copmment vous imaginez-vous l'« équilibre » ?

La crainte d'être trompés a ouvert la porte à un tragique mouvement, parmi les croyants. Ce mouvement affirme que, parce que nous avons la Bible, nous vivons dans un déséquilibre émotionnel et nous risquons d'être trompés, si nous recherchons une expérience avec Dieu que nous pouvons vraiment «sentir». De telles craintes font que les chrétiens se polarisent. La crainte sépare et éloigne. Voici le tableau que peignent de nombreux chrétiens: dans un coin, on aperçoit les chrétiens qui ont l'air équilibré. Ils considèrent la Bible comme la Parole de Dieu. Dans l'autre coin, on aperçoit des gens émotionnellement déséquilibrés qui recherchent des expériences ésotériques et spirituelles avec Dieu. Est-ce une image vraiment biblique? Jésus a fait une déclaration plutôt effrayante à propos de ceux qui opposent l'étude de la Bible et l'expérience. «Vous sondez les Écritures, parce que vous pensez avoir en elles la vie éternelle: ce sont elles qui rendent témoignage de moi.»[9]

Si notre étude de la Bible ne nous conduit pas dans une relation plus profonde avec Dieu (c'est-à-dire une véritable rencontre), elle ne contribue alors qu'à accroître notre tendance à l'orgueil spirituel. Si nous augmentons notre connaissance de la Bible, c'est pour nous sentir bien dans notre position avec Dieu, et pour mieux nous équiper dans nos débats avec ceux qui ne sont pas d'accord avec nous. Tout groupe de gens qui cherche à défendre une doctrine est porté à le faire sans faire d'expérience avec Dieu. Examinez un instant les implications possibles de cette pensée: Ceux qui apparaissent de prime abord comme étant sous contrôle, peuvent fort bien être dépourvu de tout contrôle, en tout cas de tout contrôle divin. Et tous ceux que l'on accuse de faire partie de «clubs du bénis-moi» à forte connotation émotionnelle peuvent donner un vrai témoignage de l'attouchement divin qui a changé leur vie pour toujours. Ils donnent alors une image plus biblique de l'équilibre.

Jésus n'a pas dit: «Mes brebis connaîtront mon livre». C'est sa *voix* que nous devons connaître. Pourquoi cette distinction? Parce que tout le monde peut connaître la Bible en tant que livre: le diable en personne connaît et cite les Écritures. Mais seuls ceux dont la vie dépend de la personne du Saint-Esprit sont en mesure de reconnaître régulièrement sa voix. Cela ne veut pas dire que la Bible n'a que peu ou pas d'importance. C'est plutôt l'opposé qui est vrai. La Bible est la parole de Dieu, et sa voix sera *toujours* confirmée par l'Écriture. Cette voix apporte son impact à ce qui est écrit. Nous devons étudier soigneusement les Écritures, en nous rappelant que c'est dans la mesure où nous le connaissons que les plus grandes vérités de l'Écriture seront comprises!

Au cours de l'effusion contemporaine du Saint-Esprit, Dieu s'occupe de ce besoin particulier. Si nous sommes saturés de sa présence, c'est pour que puissions apprendre à connaître sa voix. Il nous ouvre sa parole, et nous devenons plus dépendants de lui. Les croyants tournent de nouveau leur attention vers le plus grand don qui ait jamais été reçu: Dieu en personne. Si l'on parle de l'onction comme d'une *chose* ou d'une *réalité*, il serait juste de parler d'elle comme du *Saint-Esprit*.

Ayant reçu de nouveau le pouvoir sur son peuple, le Saint-Esprit œuvre au rétablissement d'un paramètre plus biblique pour la vie chrétienne. Ce changement effrayant a lieu pour le bien de tous. Nous pouvons et devons connaître le Dieu de la Bible par l'expérience. L'apôtre Paul parle, à ce propos, de «connaître l'amour du Christ qui surpasse (toute) connaissance, en sorte que nous soyons remplis de toute la plénitude de Dieu».[10] *Savez*-vous ce qui *surpasse la connaissance*? C'est sa promesse. Examinez le résultat: «Que nous soyons remplis de toute la plénitude de Dieu». Quelle récompense! Jésus l'exprime ainsi: «Celui qui m'aime sera aimé de mon Père, moi aussi je l'aimerai et je me manifesterai à lui.»[11]

## Le but de l'esprit de l'antichrist

L'esprit de l'antichrist a un but pour l'Église: étreindre Jésus en dehors de l'onction. Sans l'onction, il devient un personnage religieux sans risque qui, à coup sûr, ne nous défiera ni ne nous offensera. Paul a parlé ainsi de cette possible tromperie: «Ils garderont la forme extérieure de la piété, mais ils en renieront la puissance. Eloigne-toi de ces hommes-là».[12]

Comment les gens qui aiment Dieu peuvent-ils être offensés par l'onction du Saint-Esprit?

1. Il bouge comme le vent, sans que nous puissions le contrôler.[13]

2. Ses pensées sont très différentes des nôtres. L'Écriture dit que notre logique et la sienne sont tout simplement différentes, et même opposées l'une à l'autre.[14] Soyons honnêtes... elles se situent à des mondes de distance!

3. Il refuse d'être limité par notre compréhension de sa parole.

Chaque fois que nous suivons la direction du Saint-Esprit, nous jetons un camouflet à l'esprit de l'antichrist. Si la folie de certaines personnes qui prétendent être conduites par l'Esprit a rendu plus difficile cette aventure, nous sommes cependant assurés du succès si cela constitue notre désir et notre passion. Il ne donnera pas une pierre à celui qui lui demande du pain.

## Oints pour enseigner

Si le Saint-Esprit est bien la puissance qui se cache derrière le don d'enseignement, à quoi doit-il ressembler? Quel genre de modèle Jésus a-t-il offert pour ce ministère particulier? Dans le prochain chapitre, nous examinerons le rôle de l'enseignant, ainsi que son partenariat avec le Saint-Esprit.

# Notes

1. Luc 3.21-22.
2. 1 Jean 2.18.
3. Philippiens 2.5-7.
4. Jean 4.34.
5. Exode 40.15.
6. Matthieu 12.32.
7. Proverbes 13.12 : «Un espoir différé rend le cœur malade.»
8. Jean 3.8.
9. Jean 5.39.
10. Éphésiens 3.19.
11. Jean 14.21.
12. 2 Timothée 3.5.
13. Jean 3.8.
14. Romains 8.7 et Ésaïe 55.8-9.

# Enseigner
## en vue d'une rencontre

## CHAPITRE 8

*« Toute révélation qui est tirée de la parole de Dieu et qui
ne conduit pas à une rencontre avec lui ne sert qu'à nous
rendre plus religieux. L'Église ne peut pas tolérer 'la forme
sans la puissance', car cela crée des chrétiens sans but. »*

J ésus, qui était l'enseignant modèle, n'a jamais séparé
l'enseignement de la pratique. Il est lui-même le
modèle pour ce don. La parole révélée de Dieu, proclamée par la
bouche d'un enseignant qui a l'onction, doit diriger les démonstrations de puissance.

Nicodème a dit à Jésus : «Rabbi, nous savons que tu es un
docteur venu de la part de Dieu ; car personne ne peut faire ces
miracles que tu fais, si Dieu n'est avec lui.»[1] On comprenait déjà
que le type divin d'enseignants ne se contente pas de parler. Ils
agissent, aussi. Et le «faire» auquel l'Évangile de Jean fait allusion
est l'accomplissement de signes et de prodiges.

Jésus a établi l'exemple suprême du ministère en combinant la proclamation de l'Évangile avec les signes et les prodiges. Matthieu rapporte ce phénomène en ces termes: «Jésus parcourait toute la Galilée, il enseignait dans les synagogues, prêchait la bonne nouvelle du royaume, et guérissait toute maladie et toute infirmité parmi le peuple».[2] Puis, un peu plus loin: «Jésus parcourait toutes les villes et les villages, il enseignait dans leurs synagogues, prêchait l'Évangile du royaume et guérissait toute maladie et toute infirmité».[3]

Plus tard, il a ordonné à ses disciples d'exercer le ministère avec le même accent. En envoyant les douze, il leur a dit: «En chemin, prêchez que le royaume des cieux est proche. Guérissez les malades, ressuscitez les morts, purifiez les lépreux, chassez les démons. Vous avez reçu gratuitement, donnez gratuitement».[4] Il en a également envoyé soixante-dix en mission, en leur disant: «Guérissez les malades qui s'y trouveront, et dites-leur: Le royaume de Dieu s'est approché de vous».[5]

L'Évangile de Jean nous explique comment cette combinaison de paroles et d'actes surnaturels a pu se faire: «Les paroles que je vous dis ne viennent pas de moi-même; le Père, qui demeure en moi, accomplit ses œuvres».[6] Il est visible que nous prononçons la parole, et c'est le Père qui accomplit les œuvres, c'est-à-dire les miracles.

En tant qu'hommes et femmes de Dieu qui enseignent, nous devons exiger de nous-mêmes de *faire, avec puissance*! Et ce *faire* doit inclure une irruption dans l'impossible, par des signes et des prodiges.

Ceux qui enseignent la Bible doivent donner des instructions précises qui permettent d'expliquer *ce qu'ils viennent de faire*, ou *sont sur le point de faire*. Ceux qui se limitent à parler limitent en réalité leur don, et sans le vouloir, ils conduisent les croyants dans l'orgueil, en augmentant leur connaissance sans qu'augmente leur conscience de la présence et de la puissance de Dieu. C'est dans les tranchées du ministère du type de celui du Christ que nous apprenons à devenir totalement dépendants de Dieu. Entrer dans l'impossible en s'appuyant sur Dieu court-circuite le développement de l'orgueil.

## Une expérience personnelle

En 1987, j'assistais à l'une des conférences de John Wimber sur les signes et les prodiges. Cela se passait à Anaheim, en Californie. Je repartis de là profondément découragé. J'avais déjà enseigné tout ce qui y était enseigné, y compris les illustrations. Mais si j'étais découragé, c'était parce qu'ils avaient du fruit comme conséquence de leur foi. Tout ce que j'avais, quant à moi, c'était de la bonne doctrine.

Il vient un temps où le seul fait de connaître la vérité ne satisfait plus. Si cela ne contribue pas à changer en bien les circonstances, à quoi cela sert-il? Je commençai alors à réexaminer mes priorités personnelles. Il était évident que je ne pouvais plus m'attendre à voir arriver de bonnes choses pour la simple et unique raison que je croyais qu'elles le pouvaient... ou même le devraient. Il existait un facteur de risque dont j'avais oublié de tenir compte. Wimber l'appelait *la foi*. L'enseignement DOIT être suivi d'*action*, ce qui permet à Dieu d'agir.[7]

Les choses changèrent aussitôt. Nous avons prié pour les gens et nous avons vu des miracles. C'était glorieux, mais il ne nous a pas fallu attendre longtemps pour découvrir qu'il y en avait aussi un grand nombre qui n'étaient pas guéris. Le découragement s'est alors installé, et nous avons moins cherché à prendre des risques.

Lorsqu'en mars 1995, je me suis rendu pour la première fois à Toronto, j'ai promis à Dieu que s'il me touchait de nouveau, je ne ferais plus jamais marche arrière. *Je ne changerais plus jamais de sujet*. Ma promesse signifiait que désormais, je ferais de l'effusion du Saint-Esprit, avec la pleine et entière manifestation de ses dons, le seul but de mon existence. Je ne m'écarterais jamais de ce but, sous quelque prétexte que ce soit! Il m'a alors touché, et j'ai continué ma course sans broncher.

## Résister à l'influence de notre propre culture

Notre culture a châtré le rôle de l'enseignant. Il est possible d'aller à l'université et d'obtenir un diplôme commercial sans jamais avoir reçu le moindre enseignement de la part d'un entrepreneur. Nous attachons plus de la valeur aux concepts et aux idées qu'à une expérience couronnée de succès. J'aimerais pouvoir dire que cela ne se voit que dans les écoles publiques, mais je dois constater que la culture qui place les idées au-dessus de l'expérience imprègne la plupart de nos écoles bibliques, de nos séminaires et de nos dénominations. La plupart des mouvements évangéliques ont considéré comme une vertu d'*aller jusqu'au bout* sans faire la moindre expérience avec Dieu.

Il y a pire encore: ceux qui parlent de faire une expérience personnelle sont souvent regardés comme des gens suspects, voire même dangereux. Cependant, Dieu ne peut pas être connu sans expérience. Randy Clark, l'homme que Dieu a utilisé pour déclencher le feu du réveil à Toronto, en 1994, l'exprime ainsi: «Toute personne qui n'expérimente pas Dieu ne le connaît pas». Dieu est une personne, non une philosophie ou un concept. Il est temps que ceux qui ont rencontré Dieu arrêtent de céder à la crainte et d'édulcorer leur histoire. Nous devons aiguiser l'appétit des enfants de Dieu pour le surnaturel. Le témoignage a la capacité de stimuler cette sorte de faim.

## Le royaume au concret

Avec les tournées que notre équipe de ministère fait dans le monde entier, nous avons pris le pli d'attendre certaines choses. La guérison, la délivrance et les conversions sont le fruit de nos travaux. Si nous n'enseignons pas souvent sur la guérison, cela demeure l'un des fruits principaux. Lorsque nous proclamons le message du royaume de Dieu, les gens se rétablissent. Le Père semble dire *Amen!* à son message, en confirmant la parole avec puissance.[8] Pierre en était pleinement conscient lorsqu'il pria pour avoir l'assurance nécessaire pour prêcher, s'attendant à ce que Dieu réponde en «étendant sa main, pour qu'il se produise des guérisons, des signes et des prodiges, par le nom de son saint serviteur Jésus.»[9] Dieu a promis de soutenir notre message avec puissance si ce message était l'Évangile du royaume.

## La puissance contre l'orgueil

Les problèmes que nous affrontons aujourd'hui ne sont pas nouveaux. L'apôtre Paul était très préoccupé par l'église de Corinthe, parce que ses membres se laissaient attirés par un évangile dépourvu de puissance.

> «Ce n'est pas pour vous faire honte que j'écris cela; mais je vous avertis comme mes enfants bien-aimés. En effet, quand vous auriez dix mille précepteurs en Christ, vous n'avez cependant pas plusieurs pères, puisque c'est moi qui vous ai engendrés en Christ-[Jésus] par l'Évangile. Je vous exhorte donc; soyez mes imitateurs.
>
> À cet effet, je vous ai envoyés Timothée, qui est mon enfant bien-aimé et fidèle dans le Seigneur; il vous rappellera mes voies en Christ, telles que je les enseigne partout dans toutes les Églises.
>
> Quelques-uns se sont enorgueillis, comme si je ne devais pas aller chez vous. Mais j'irai bientôt chez vous, si c'est la volonté du Seigneur, et je connaîtrai, non les paroles, mais la puissance de ces orgueilleux.
>
> Car le royaume de Dieu ne consiste pas en paroles, mais en puissance» (1 Corinthiens 4.14-20).

Paul commence ici par opposer les enseignants aux pères. Les enseignants de Corinthe étaient assez différents de ceux que Jésus avait l'intention de donner à l'église. Paul reconnaît qu'ils sont peut-être croyants, puisqu'il parle de «précepteurs en Christ». Mais vous noterez également qu'il parle d'eux comme étant des «orgueilleux».

En ce temps de communion entre dénominations, nous assistons à un mouvement sans précédent des croyants qui se regroupent autour de pères spirituels. Dans le passé, on se rassemblait autour de certaines vérités. C'est ainsi que l'on a vu naître les dénominations. La force de tels rassemblements tient à l'accord évident sur une même doctrine, suivi habituellement de la pratique. Leur point faible est qu'ils ne laissent pas de place à la variété et au changement. Au début du vingtième siècle, les gens qui reçurent le baptême dans le Saint-Esprit avec le parler en langues, ont cessé d'un coup d'être les bienvenus dans la plupart de ces églises, parce que la plupart des dénominations épousaient des déclarations de foi qui étaient gravées dans la pierre.

Aujourd'hui, on assiste à un mouvement de gravitation autour des pères, à l'intérieur même des dénominations. Un tel rassemblement de croyants permet l'existence de différences dans les points de doctrine secondaires, sans pour autant causer de divisions. La plupart des chrétiens considèrent ce mouvement comme constituant une restauration de l'ordre apostolique voulu de Dieu.

La seconde préoccupation de Paul concerne l'orgueil dans lequel sont tombés ses enfants spirituels. Il fait ressortir le contraste qui oppose la fidélité à l'orgueil. Paul se fait du souci parce qu'ils risquent de tomber dans le piège des théories présentées par les bons orateurs. Il arrive souvent que les chrétiens attachent plus de valeur au charisme personnel qu'à l'onction ou à la vérité. Les gens qui n'ont pas trop de force morale accèdent souvent à des postes de leadership, dans l'église, s'ils ont de la personnalité. Paul trouvait cela particulièrement troublant. Il avait travaillé dur pour conduire les Corinthiens à la foi. Il n'avait pas cherché à les impressionner avec ce qu'il savait. En réalité, il les avait conduits à une rencontre avec le Dieu tout-puissant qui allait devenir l'ancre de leur foi.[10] Mais maintenant, on assistait à l'entrée en scène des faiseurs de beaux sermons. Paul leur répondit en leur envoyant quelqu'un qui lui ressemblait : Timothée. Ils avaient besoin de s'entendre rappeler comment était leur père spirituel. Cela les aiderait à recalibrer leur système de valeur pour imiter des gens qui avaient de la substance, et qui étaient également des hommes de puissance !

Paul fait une déclaration stupéfiante qui clarifie ce qu'est le juste choix. Il dit : «Le royaume de Dieu ne consiste pas en paroles, mais en puissance.»[11] Le texte original dit exactement ceci : «Le royaume de Dieu ne consiste pas en *logos* mais en *dunamis*.» Il y avait apparemment un certain nombre d'enseignants à Corinthe, mais peu de puissance. Ces enseignants ne suivaient pas vraiment le modèle que Jésus leur avait laissé. *Dunamis*, c'est «la puissance de Dieu manifestée et transmise dans une effusion du Saint-Esprit.» Voilà le royaume!

Deux chapitres plus tôt, Paul explique que la priorité de son ministère, c'est d'«*amener les Corinthiens à la foi dans la puissance de Dieu*»[12] (dunamis). Il leur expose maintenant comment ils sont condamnés à échouer si les choses ne changent pas. Chaque fois que le peuple de Dieu se préoccupe davantage de concepts et d'idéologies que d'exprimer la vie et la puissance de Christ, ils se condamneront eux-mêmes à l'échec, même si ces idées sont bonnes. Le christianisme n'est pas une philosophie. C'est une relation. C'est la *rencontre avec Dieu* qui donne aux concepts toute leur puissance. Nous devons exiger cela de nous-mêmes.[13] Comment? Nous devons chercher jusqu'à ce que nous trouvions.[14]

## Les pères qui ont la puissance contre les enseignants qui n'ont que les paroles

| LES PÈRES | LES ENSEIGNANTS (QUI NE RESSEMBLENT PAS À JÉSUS) |
|---|---|
| Style de vie: imitent leurs pères | Style de vie: se regroupent autour d'idées (enclins aux divisions) |
| Attitude: humilité | Attitude: orgueil |
| Ministère: puissance | Ministère: abondance de paroles |
| Accent: le royaume de Dieu | Accent: les enseignements |

## Dieu est plus grand que son livre

> «*Jésus leur répondit: Vous êtes dans l'erreur, parce que vous ne comprenez ni les Écritures, ni la puissance de Dieu.*[15]

Dans ce passage, Jésus réprimande les Pharisiens pour leur ignorance des Écritures *et* de la parole de Dieu. Son reproche se situe dans le contexte du *mariage* et de la *résurrection*, mais il vise l'ignorance qui infecte tous les domaines de leur vie.

Quelle en était la cause? Ils n'acceptaient pas que les Écritures les conduisent à Dieu. Ils ne comprenaient pas... pas vraiment. Le verbe *comprendre* utilisé ici nous parle d'«expérience personnelle.» Eux, ils essayaient d'apprendre indépendamment d'une telle expérience. Ils prétendaient être des champions de l'étude de la Bible. Cependant, leur étude ne les conduisait pas à une rencontre avec Dieu. Elle était devenue une fin en soi.

Le Saint-Esprit est la *dunamis* du ciel. La rencontre avec Dieu est souvent la rencontre d'une puissance. De telles rencontres varient de personne à personne, selon le dessein de Dieu. C'est le manque de rencontre de puissance qui conduit à la méconnaissance de Dieu et de sa parole. L'expérience est nécessaire à l'acquisition de toute vraie connaissance de la Parole. Un grand nombre de gens craignent l'expérience parce qu'ils pensent qu'elle *pourrait* les éloigner de la parole de Dieu. Les erreurs commises par certaines personnes en ont conduit un grand nombre à craindre toute poursuite d'expérience.[16] Mais il n'est pas légitime de permettre à la crainte de nous empêcher de chercher une expérience avec Dieu! Le fait d'embrasser une telle crainte engendre l'échec dans l'autre extrême, qui est culturellement plus acceptable, mais bien pire au regard de l'éternité.

Dieu fait comme il lui plaît. Tout en étant fidèle à sa parole, il n'évite pas d'agir hors des limites de la compréhension que nous avons de celle-ci. Exemple: Dieu est un Dieu d'amour qui hait Ésaü.[17] On l'a respectueusement appelé «Seigneur», mais c'est lui qui a fait tomber Saul de Tarse de son âne[18] et qui soulevé Ézéchiel de terre par sa chevelure.[19] Il est l'étoile brillante du matin[20], est environné de la nuée et de l'obscurité.[21] Il déteste le divorce[22], mais il a lui-même divorcé.[23] La liste de ces idées apparemment contradictoires pourrait continuer beaucoup plus que la plupart d'entre nous pourraient le supporter. À vrai dire, cette tension inconfortable a pour but de nous garder dans l'honnêteté et une totale dépendance du Saint-Esprit afin de comprendre qui est Dieu et ce qu'il nous dit à travers son livre. Dieu est tellement étranger à nos manières naturelles de penser que nous ne voyons que ce qu'il nous montre, et nous ne pouvons le comprendre vraiment qu'à travers une relation.

La Bible est la parole absolue de Dieu. Elle révèle Dieu, l'évident, l'inexplicable, le mystérieux et parfois celui qui nous offense. La Bible nous révèle la grandeur de notre Dieu. Cependant, elle ne le contient pas. Dieu est plus grand que son livre.

Le réveil se trouve mêlé à de nombreux dilemmes de ce genre : Dieu fait des choses qu'il n'a jamais faites auparavant, afin de confirmer qu'il est celui qu'il dit être dans sa parole. Nous vivons un conflit intérieur. Il consiste à suivre celui qui ne change pas, mais promet de faire une chose nouvelle en nous. Cela porte de plus en plus à confusion quand nous essayons de faire entrer la chose nouvelle dans le vieux moule de nos expériences passées.

Tout le monde n'est pas capable de bien gérer ce défi. La plupart cachent leur besoin de contrôler derrière la bannière du «rester ancré à la parole de Dieu.» En rejetant ceux qui sont différents d'eux, ils se protègent fort bien de l'inconfort, et du changement pour lequel ils ont prié.

## Carte routière ou guide touristique

La manière acceptable d'étudier l'Écriture met la puissance de la révélation entre les mains de celui qui peut s'offrir une bonne concordance exhaustive et quelques autres outils d'étude. Consacrez-y du temps, et vous pourrez apprendre certaines choses merveilleuses. Je ne cherche pas à discréditer une approche régulière et disciplinée de la Bible, ou de ces autres outils merveilleux, car c'est Dieu qui nous donne faim d'étudier. Mais la réalité, c'est que la Bible est un livre fermé. Toute chose que je pourrais tirer de la parole sans l'aide de Dieu ne peut pas changer ma vie. La Bible est fermée pour m'obliger à dépendre du Saint-Esprit. C'est cette approche désespérée de la Bible qui plaît au cœur de Dieu. «La gloire de Dieu, c'est de cacher les choses; la gloire des rois, c'est de scruter les choses.»[24] Il aime nourrir ceux qui ont vraiment faim.

On fait souvent la promotion de la Bible afin que les gens y trouvent des recettes miracles pour leur vie. On peut certes y trouver des principes que l'on peut présenter sous le style «de A à Z». Mais trop souvent, cette approche finit par en faire une *carte routière*.

Quand je traite la Bible comme une carte routière, je vis comme si je pouvais trouver ma route selon ma propre compréhension du livre de Dieu. Je pense que cette vision de l'Écriture décrit en réalité la vie sous la loi, et non sous la grâce. Vivre sous la loi, c'est la tendance à désirer un ensemble de limites préétablies, et non une relation. Si la loi et la grâce contiennent des commandements, la grâce se présente avec une capacité innée à obéir à ce qui est commandé. Sous la grâce, je ne reçois pas de carte routière... J'ai plutôt un guide touristique, le Saint-Esprit. Il me dirige, me révèle et me rend capable d'*être* et de *faire* ce que la Bible dit.

Il y a un grand nombre de concepts que l'Église a choyés dans son désir de rester attachée à l'Écriture. Mais certains d'entre eux travaillent en réalité à l'encontre de la vraie valeur de la parole de Dieu. Exemple : un grand nombre de ceux qui rejettent le mouvement de l'Esprit Saint prétendent que l'Église n'a pas besoin de signes et de prodiges parce qu'elle a la Bible. Cependant, cet enseignement contredit la parole même qu'elle essaie d'exalter. Si vous demandiez à dix nouveaux convertis d'étudier la Bible afin d'y trouver la vraie pensée de Dieu pour cette génération, aucun d'entre eux n'en conclurait que les dons spirituels ne sont pas pour aujourd'hui. Il faut qu'on vous l'enseigne, cela ! La doctrine qui affirme que les signes et les prodiges ne sont plus nécessaires parce que nous avons maintenant la Bible a été fabriquée par des gens qui n'avaient pas la puissance de Dieu et qui avaient besoin d'une explication pour pouvoir justifier l'impuissance de leurs propres églises.

La révélation qui ne conduit pas à une rencontre avec Dieu ne sert qu'à me rendre plus religieux. Si l'Écriture ne me conduit pas à lui, je ne suis que mieux équipé pour débattre avec ceux qui désapprouvent ma manière de penser.

« La connaissance enorgueillit... »[25] Notez bien que Paul ne parle pas ici de la connaissance qui se trouve *hors de la Bible*. La connaissance, y compris celle qui vient de l'Écriture, a le potentiel pour me rendre orgueilleux. Comment puis-je alors me protéger contre l'orgueil qu'engendre la connaissance, même quand celle-ci vient de la Bible ? Je dois m'assurer qu'elle me conduit vers Jésus !

L'orgueil qui naît de la seule connaissance biblique est porteur de divisions. Il crée l'appétit pour l'opinion de soi. «Celui dont les paroles viennent de lui-même cherche sa propre gloire; mais celui qui cherche la gloire de celui qui l'a envoyé est vrai, et il n'y a pas d'injustice en lui.»[26] Ceux qui reçoivent une formation dépourvue de toute révélation qui nous conduise à lui sont formés pour parler d'eux-mêmes, pour leur propre gloire. Cette attirance pour la connaissance dépourvue de toute rencontre avec Dieu fait la guerre à la vraie justice.

La justice n'est pas seule alors à souffrir. Notre foi connaît le même sort. «Comment pouvez-vous croire, vous qui recevez de la gloire les uns des autres, et qui ne cherchez pas la gloire qui vient de Dieu seul?»[27] Ce désir de gloire humaine déplace la foi, d'une certaine manière. Le cœur qui ne craint que Dieu, celui qui cherche premièrement le royaume de Dieu et qui désire que Dieu reçoive tout l'honneur et la gloire, ce cœur est celui dans lequel est née la foi.

La mission du ciel consiste à infiltrer la terre et ses réalités. Tout enseignement a pour but de nous conduire à cette fin, car la formation pour le royaume de Dieu n'est pas dénuée de dessein. Nous sommes formés afin de gérer les affaires de la famille. C'est la découverte dont nous parlerons dans le prochain chapitre.

# Notes

1. Jean 3.2
2. Matthieu 4.23.
3. Matthieu 9.35.
4. Matthieu 10.7-8.
5. Luc 10.9.
6. Jean 14.10.
7. Faire de la place à Dieu ne signifie pas qu'il ne peut agir sans notre approbation. Cela signifie simplement qu'il aime que nous l'invitions.
8. Voir Marc 16.20.
9. Actes 4.29-30.

10. Voir 1 Corinthiens 2.1-5.

11. 1 Corinthiens 4.20.

12. Voir 1 Corinthiens 2.5.

13. Il serait tentant ici de penser que je ne parle de la puissance que dans la mesure où elle change la condition physique du corps, ou quelque problème propre à la nature humaine. Certes, elle inclut ce genre de situations. Nous devons nous rappeler que l'amour de Dieu est la plus grande puissance de l'univers. Il peut transformer une vie comme rien d'autre. Mais nous ne pouvons pas utiliser cela comme une excuse pour faire l'impasse sur les besoins évidents des malades et des tourmentés qui sont autour de nous. Nous devons être mus par l'amour de Dieu au point de chercher sa face jusqu'à ce que nous soyons revêtus de la puissance d'en-haut !

14. Voir Luc 11.10.

15. Matthieu 22.29.

16. Le fait d'être trompé ne commence pas lorsque nous croyons ce qui n'est pas biblique. Cela commence quand notre cœur est rempli de compromis. Car personne ne peut être trompé s'il ne fait pas de compromis. Voir 1 Timothée 1.18-19.

17. Voir Malachie 1.2-3.

18. Voir Actes 9.4.

19. Voir Ézéchiel 8.3.

20. Voir Apocalypse 22.16.

21. Voir Psaume 97.2.

22. Voir Malachie 2.16.

23. Voir Jérémie 3.8.

24. Proverbes 25.2.

25. 1 Corinthiens 8.1.

26. Jean 7.18.

27. Jean 5.44.

# Les œuvres
## du Père

*« Si je ne fais pas les œuvres de mon Père,*
*ne me croyez pas ! »[1]*

*« Le Fils de Dieu est apparu,*
*afin de détruire les œuvres du diable. »[2]*

Les prophètes ont parlé pendant des années de la venue du Messie. Ils ont fourni environ 300 détails permettant de le décrire, et Jésus les a tous accomplis ! Les anges ont eux aussi rendu témoignage à sa divinité quand ils ont dit aux bergers : « Aujourd'hui... il vous est né un Sauveur, qui est le Christ, le Seigneur ! »[3] La nature elle-même a rendu témoignage à l'arrivée du Messie grâce à l'étoile qui a conduit les mages.[4] Cependant, avec cette seule déclaration : « Si je ne fais pas les œuvres de mon Père, ne me croyez pas ! », Jésus a mis en danger la crédibilité de tous ces *messagers*. Leur ministère aurait été inutile sans un élément supplémentaire pour confirmer qui il était vraiment. Cet élément, c'était les *miracles*.

Jésus a donné aux gens le droit de ne pas croire tout cela si son ministère ne comportait pas la moindre démonstration de puissance. J'ai hâte de voir le jour où l'Église fera la même déclaration au monde. *Si nous ne faisons pas les mêmes miracles que Jésus, vous avez le droit de ne pas nous croire.*

## Même dans son enfance, Jésus était cosncient de sa mission

Les versets mentionnés au début de ce chapitre traitent de deux sujets: *faire les œuvres du Père,* et *détruire les œuvres du diable.* Ces deux choses sont inséparables. Elles contribuent à clarifier le dessein qui se cache derrière la venue de Christ. Jésus était poussé par une passion irrésistible: plaire à son Père céleste.

La révélation de ses priorités a commencé bien avant son ministère. Il n'avait alors que douze ans. Ce jour-là, Marie ne prit conscience de l'absence de Jésus qu'après que Joseph et elle se furent éloignés de Jérusalem de plusieurs jours. C'est alors qu'ils partirent à la recherche de leur fils, alors âgé de douze ans.

Nous ne pouvons qu'imaginer ce qui a bien pu se passer dans leur esprit pendant ces trois jours de séparation. C'était leur enfant du miracle... celui qui avait été promis. L'avaient-ils perdu par négligence? Leur tâche qui consistait à l'élever était-elle terminée? Avaient-ils échoué?

Ils finirent par le trouver dans le temple, occupé à discuter des Écritures avec des adultes! Il ne fait aucun doute qu'ils furent très heureux et soulagés. Mais soyons réalistes: ils devaient également être agacés. Le pire, c'est que Jésus ne semblait pas du tout se sentir concerné par leur anxiété. Il semble même qu'il était surpris d'apprendre qu'ils ignoraient où il était. Nous n'entendons aucune excuse, pas même une explication. Juste l'expression de ses priorités: «Ne saviez-vous pas qu'il faut que je m'occupe des affaires de mon Père?»[6] C'est ici que commence la révélation du dessein. Même dans son enfance, il ne semblait pas être préoccupé par le fait qu'il pouvait offenser, en essayant d'obéir à son Père céleste. Pensez un instant: toute crainte de ce que les gens pouvaient penser de lui était tout simplement inexistante en lui, à l'âge de douze ans. Il refusait de laisser la moindre possibilité de malentendu et de conflit l'empêcher d'accomplir les desseins du Père.

Les premières et les seules paroles de Jésus qui nous sont rapportées de toute son enfance concerne le but de sa vie. Obéir au Père était son unique ambition. Ces paroles-là suffisaient. Plus tard, parvenu à l'âge adulte, il avoua que l'obéissance à son Père demeurait sa priorité. Cela lui apportait une véritable *nourriture*: «Ma nourriture est de faire la volonté de celui qui m'a envoyé».[7]

## Une affaire risquée

Jésus avait-il oublié de dire à Marie et à Joseph où il se trouverait? Ou se comporta-t-il en réalisant que cela affecterait les autres comme cela a été le cas? Je crois plutôt cela. Il était prêt à risquer d'être mal compris. Les affaires du Père exigent la prise de risques. Rappelez-vous: il n'avait pas encore acquis la crédibilité qu'il devait avoir plus tard. Il n'y avait pas encore eu de sermons bouleversants, de guérisons, d'eau changée en vin, de résurrection des morts ou d'expulsion de démons. Il n'était qu'un garçon de douze ans avec des priorités différentes de tous les autres.

Dix-huit ans plus tard, au début de son ministère, nous retrouvons Jésus enseignant à ses disciples ce qu'il avait essayé d'enseigner à ses parents: la priorité que constituaient les affaires du Père. Des déclarations du style «le Fils ne peut rien faire par lui-même»[8], «je ne cherche pas ma volonté, mais la volonté de celui qui m'a envoyé»[9] et «je fais toujours ce qui lui est agréable»,[10] témoignent toutes de sa totale dépendance du Père, et de son désir passionné de lui plaire.

## Une coutume juive

La coutume voulait alors que le père de famille juif prenne son fils avec lui jusqu'au centre de la ville, une fois que ce dernier avait atteint l'âge adulte. Il annonçait alors à la ville que son fils était maintenant son égal dans toutes ses affaires commerciales, ce qui signifiait que lorsqu'ils traitaient avec le fils, c'était comme s'ils traitaient avec le père. En agissant ainsi, il annonçait à la ville entière : «Voici mon fils bien-aimé, objet de mon affection».

Lors du baptême d'eau de Jésus, qui eut lieu quand il eut trente ans, le prophète Jean-Baptiste annonça que Jésus était «l'Agneau de Dieu, qui ôte le péché du monde».[11] Le Saint-Esprit descendit alors sur lui, le revêtant de puissance, afin qu'il soit capable d'accomplir le dessein du Père. C'est alors que ce dernier parla du ciel et dit : «Celui-ci est mon Fils bien-aimé, en qui j'ai mis toute mon affection».[12]

À ce moment précis, le Père et le Saint-Esprit affirmèrent tous les deux le dessein premier embrassé par le Fils de Dieu et qui était de révéler et de réaliser les affaires du Père. Jésus déclara les détails de ce rôle dans son tout premier sermon : «L'Esprit du Seigneur est sur moi, parce qu'il m'a oint, [pour guérir ceux qui ont le cœur brisé;] pour annoncer la bonne nouvelle aux pauvres; il m'a envoyé pour proclamer aux captifs la délivrance, et aux aveugles le recouvrement de la vue, pour renvoyer libres les opprimés, pour proclamer une année de grâce du Seigneur».[13] La vie de Jésus a illustré ce dont parlait cette proclamation : il a apporté le salut à l'esprit, à l'âme et au corps de l'homme, détruisant ainsi les œuvres du diable.[14] C'était l'expression d'un royaume qui s'étend toujours[15], et qui continue à se révéler.

## Le chaînon manquant

Le secret de son ministère est révélé dans ses déclarations : «le Fils ne peut rien faire par lui-même, mais seulement ce qu'il voit faire au Père... le Fils le fait également»[16] et «ce que j'ai entendu de lui, je le dis au monde».[17] Son obéissance a mis l'abondance du ciel sur orbite pour qu'elle entre en collision avec la condition désespérée de l'humanité sur terre. C'est sa dépendance du Père qui a introduit dans ce monde la réalité du royaume de Dieu. C'est ce qui lui permet de dire : «Le royaume des cieux est proche!»

Jésus a révélé le cœur du Père. Toutes ses actions étaient des expressions terrestres de son Père céleste. La lettre aux Hébreux appelle Jésus l'exacte représentation de la nature de son Père».[18] Jésus a dit : «Celui qui m'a vu a vu le Père».[19] La vie entière de

Jésus est une révélation du Père et de ses affaires. Le cœur même de ces affaires consiste à donner vie à l'humanité[20] et à détruire les œuvres du destructeur.[21]

Jésus continue de montrer le chemin qui conduit au Père. C'est maintenant devenu notre travail, par le moyen du Saint-Esprit, de découvrir et de révéler le cœur du Père : donner la vie et détruire les œuvres du diable.

## À propos du Père

La plupart des Pharisiens ont passé leur vie à servir Dieu sans jamais découvrir le cœur du Père! Jésus à offensé ces leaders religieux principalement parce qu'il démontrait ce que le Père voulait. Tandis que les Pharisiens pensaient que Dieu s'intéressait surtout au sabbat, Jésus passait son temps à aider ceux pour qui le sabbat avait été créé. Ces leaders étaient intéressés par les miracles du passé que les Écritures mentionnaient. Mais Jésus a fait irruption dans leurs zones de confort en introduisant le surnaturel dans leurs villes. Chacun de ses miracles lui a permis de montrer à l'ensemble de la communauté religieuse ce qu'étaient *les affaires du Père*. Pour qu'ils puissent s'adapter, il aurait fallu tout remettre en état. Ils préférèrent le traiter de menteur, dire que ses œuvres venaient du diable et finalement le tuer car il était celui qui leur rappelait ce qui devait être changé.

Le fait de comprendre que les affaires du Père ont à voir avec les signes et les miracles ne garantit en rien que nous allons vraiment accomplir le dessein de Dieu dans nos vies. Cela dépasse le simple fait d'accomplir des miracles ou même d'obtenir des conversions. Les interventions surnaturelles de Dieu avaient pour but de révéler l'extravagance du cœur du Père pour les autres. Chaque miracle est une révélation de sa nature, et dans cette révélation, il y a une invitation à la relation personnelle.

Il nous est très facile de répéter l'erreur des Pharisiens. Ils n'avaient aucune compréhension du cœur du Père. Une grande partie de l'activité chrétienne n'a aucun rapport avec cette valeur suprême. Aujourd'hui, nous avons besoin de plus que d'identifier nos dons spirituels ou de découvrir les moyens d'avoir plus de succès dans le ministère. C'est du Père en personne que nous avons besoin. Nous avons besoin de sa présence, et d'elle seule. L'Évangile, c'est l'histoire du Père qui fait la cour aux autres par son amour. Tout ce que nous faisons d'autre déborde de cette découverte.

## La joie et la paix de tout ministère

Nous aurons beau parcourir le monde et prêcher l'Évangile, si nous n'avons pas une révélation personnelle du cœur du Père, nous ne porterons que des nouvelles de seconde main. Nous ne ferons que raconter une histoire sans avoir la moindre relation. Cela sauvera peut-être des gens parce que c'est la vérité, mais il y a tellement plus. À l'âge de douze ans, Jésus nous a enseigné cette leçon : nous devons nous occuper des affaires de notre Père. Or, les affaires de notre Père débordent de son cœur. Quand nous l'expérimentons, nous découvrons à la fois la joie et la puissance de tout ministère, et sa présence.

Le réveil qui a commencé à Toronto en 1994 s'est répandu depuis dans le monde entier. Il tient à la fois du cœur du Père et de la présence du Saint-Esprit qui en constituent les éléments vitaux. Dans un certain sens, ils sont identiques. On pourrait également dire qu'ils sont *les deux faces d'une même pièce de monnaie*. Sa présence révèle toujours son cœur.

De la même manière que Jésus a révélé le cœur du Père à Israël, l'Église doit *être la manifestation* du cœur du Père aux yeux du monde. Nous sommes les porteurs de sa présence, les exécuteurs de sa volonté. En donnant ce que nous avons reçu, nous lui permettons d'intervenir dans des situations qui étaient auparavant aux mains de la puissance des ténèbres. Tels sont notre responsabilité et notre privilège.

## Chacun est candidat

Chaque membre de notre communauté est une cible, pour l'amour de Dieu. Il n'y a pas d'exception. Les témoignages de transformation radicale proviennent de tous les secteurs de la société et de tous les endroits concevables -- école, lieu de travail, foyer, centres commerciaux et magasins, et même parcs, rues, et camps d'hébergement. Pourquoi? De plus en plus de gens ont en tête les affaires du Père. Ils l'emmènent avec eux partout où ils vont.

Quand on a demandé à Jason, l'un de nos étudiants, de faire partie du jury, lors d'un procès, il y est allé avec les affaires du Père en tête. En sortant de sa voiture, sur le parking du tribunal, il a aperçu deux jeunes gens qui avaient l'air troublé. Le Seigneur a commencé alors à parler à Jason du plus âgé des deux. Jason s'est adressé à lui et lui a parlé de plusieurs problèmes que ce jeune homme avait avec son père. Ce dernier a réalisé alors que Jason ne pouvait pas connaître cette information sans que Dieu la lui ait communiquée.[22] Le jeune homme a décidé d'accepter Christ.

Jason s'est rendu ensuite au bâtiment de sélection du jury. Pendant une pause, il a commencé à prier le Seigneur de l'aider. C'est alors qu'il a remarqué un homme qui se trouvait de l'autre côté de la pièce, assis dans une chaise roulante électrique, avec un bouton sur le repose-bras. Au cours d'une brève conversation avec lui, il a découvert que l'homme était chrétien. Jason l'a encouragé en lui parlant des promesses de Dieu et lui a ensuite demandé de le regarder. Ils se sont donné les mains et ont prié ensemble. Cet homme a senti aussitôt la douleur partir et les forces lui revenir. Jason lui a dit de se lever. L'homme lui a répondu : «Et si je tombe?» Jason lui a dit : «Et si tu ne tombes pas?»

Cela a suffi à lui donner le courage nécessaire, et sous les regards des personnes présentes dans la pièce, cet homme s'est levé et a remué les bras. Il ne s'était pas levé depuis des années. Jason s'est alors tourné vers la foule et a déclaré : «Dieu est ici pour guérir!»

Avant la fin de la journée, deux autres personnes ont été guéris par Jésus. C'est cela, les affaires du Père, et chaque chrétien doit jouer son rôle et assumer sa tâche et son privilège.

## La redécouverte du dessein

Nous avons le privilège de redécouvrir le dessein original de Dieu pour son peuple. Si nous aspirons à cela, nous devons le rechercher dans l'abandon et la témérité. Voici une liste de choses qui peuvent rendre plus pratique notre recherche :

1. **La prière**. Soyez précis et priez sans relâche pour des miracles dans chaque domaine de votre vie. Dans votre recherche, présentez au Seigneur ses promesses. Il n'a pas oublié ce qu'il a dit et n'a pas besoin qu'on le lui rappelle. Cependant, il aime nous voir nous appuyer sur son alliance, quand nous prions. La prière et le jeûne font partie intégrante de cette quête, car il a révélé lui-même que c'est un moyen important d'opérer une percée.[23] Il m'arrive même de prier pour des maladies bien précises pour lesquelles je ne vois pas de résultat.

2. **L'étude**. L'objet le plus évident de l'étude, ce sont les Écritures. Passez des mois à lire et relire les Évangiles. Cherchez des modèles que vous pourrez imiter. Étudiez en particulier toutes les références au royaume de Dieu, et demandez à Dieu de vous ouvrir les mystères de son royaume.[24] Le droit de comprendre ces choses appartient aux saints qui sont disposés à obéir. Une autre grande idée à creuser, dans le domaine de l'étude, consiste à trouver toutes les références à la «réforme», du nom de ces périodes de transformation qu'Israël a traversées sous différents leaders (revivalistes),[25] dans les Écritures. L'idéal est de commencer par David, Ézéchias, Esdras et Néhémie. Leurs vies prennent pour nous la forme de messages prophétiques. Toute vraie étude est stimulée par la faim. Si vous ne vous posez pas de questions, vous ne trouverez pas de réponses.

3. **La lecture**. Trouvez les livres qui ont été écrits par les généraux de l'armée de Dieu, ceux qui ont vraiment agi. Ceux qui veulent faire des recherches trouveront une grande quantité d'informations à leur disposition. N'oubliez pas les leaders du grand réveil de guérison des années 50. (Les anglophones peuvent commencer par l'ouvrage de Roberts Liardon, *God's Generals*.)

Si vous avez peur de lire ce qui concerne ceux qui sont tombés plus tard dans le péché et la tromperie (certains ont fini dans un véritable désastre), demeurez à l'écart de Gédéon, de Samson, des Proverbes de Salomon et du Cantique des cantiques. Les auteurs de ces livres ont fini eux aussi dans la tragédie. Nous devons apprendre à manger la viande tout en jetant les os.

4. **L'imposition des mains.** Étudiez la vie des hommes et des femmes de Dieu qui ont manifesté dans leur vie une onction pour le miraculeux. Une telle onction peut être transférée aux autres par l'intermédiaire de l'imposition des mains.[26] À l'occasion, on peut bénéficier du ministère de personnes qui sont prêtes à prier pour ceux qui désirent une augmentation de leur onction. Je voyage beaucoup pour recevoir DAVANTAGE.

5. **Les associations.** Le roi David a découvert la célébrité dans sa jeunesse, quand il a tué Goliath. Cependant, les Écritures nous parlent du meurtre d'au moins quatre autres géants, qui ont été tués par ceux qui ont suivi David, le tueur de géants. Si vous voulez tuer des géants, restez dans le voisinage de ceux qui en tuent. C'est contagieux.

La grâce est ce qui nous permet de vivre dans le royaume de Dieu. Elle est reçue en partie par la manière dont nous réagissons aux dons de Christ : les apôtres, les prophètes, les évangélistes, les pasteurs et les docteurs. Nous recevons en fait *la grâce de fonctionner* à partir de ces dons. Si vous restez dans le voisinage d'un évangéliste, vous penserez en termes d'évangélisation. Il en est de même lorsque nous nous associons à ceux qui font régulièrement l'expérience des signes et des prodiges dans leur vie.

6. **L'obéissance.** Quelle que soit l'intensité de la préparation que l'on apporte à l'accroissement de l'onction miraculeuse dans sa vie, elle ne portera de réels fruits que si nous pratiquons l'obéissance radicale. Je dois rechercher les

malades et les possédés si je veux prier pour eux. Et s'ils sont guéris, je donne à Dieu la louange. Dans le cas contraire, je donne quand même gloire à Dieu, et je *continue* à chercher des gens pour lesquels prier. J'ai appris il y a longtemps que l'on voit plus de guérisons quand on prie pour plus de gens! Si nous n'agissons pas en fonction de ce que nous connaissons, notre connaissance ne demeure qu'une théorie. La vraie connaissance vient de la pratique.

## La puissance n'est pas une théorie

Jésus a dit: «Comme le Père m'a envoyé, moi je vous envoie». Il a accompli les œuvres du Père, puis nous a transmis le relais. Dans le prochain chapitre, nous allons découvrir ce qui est le plus important des deux: le caractère ou la puissance. La réponse risque de vous surprendre.

## Notes

1. Jean 10.37.
2. 1 Jean 3.8.
3. Luc 2.11.
4. Voir Matthieu 2.1.
5. Jean 10.37.
6. Luc 2.49.
7. Jean 4.34.
8. Voir Jean 5.19.
9. Jean 5.30.
10. Jean 8.29.
11. Jean 1.29.
12. Matthieu 3.17.
13. Luc 4.18-19.
14. Voir 1 Jean 3.8.
15. Voir Ésaïe 9.7.
16. Jean 5.19.
17. Jean 8.26.
18. Voir Hébreux 1.3.

19. Voir Jean 14.9.

20. Voir Jean 10.10.

21. Voir 1 Jean 3.8.

22. C'est ce que nous appelons une parole de connaissance. Un croyant reçoit une connaissance au sujet d'un autre croyant, qu'il ne pourrait pas acquérir si Dieu ne la lui avait pas révélée. Dieu se sert souvent de ce don pour faire savoir à cette personne qu'il pense à elle. Cela stimule sa foi et la rend capable de recevoir le miracle à venir.

23. Voir Marc 9.29.

24 Voir Matthieu 13.11.

25. Il est difficile de trouver le mot «réforme» dans l'Écriture. Trouvez des passages qui parlent de la vie de ces hommes et étudiez la description du réveil spirituel ou des réformes dans l'histoire d'Israël.

26. Voir 2 Timothée 1.6.

# Le manque de puissance : inutile et déséquilibré

CHAPITRE 10

*« La vie de personne ne m'impressionne, sauf si elle est*
*empreinte d'intégrité. Dans le même temps, je ne suis*
*heureux de les voir que s'ils se révèlent dangereux![1] Tant*
*que j'ai la possibilité de faire ainsi, je ne laisserai pas*
*les gens qui m'entourent s'en aller en n'ayant*
*simplement été de braves gens. »*

La plupart des croyants ont comme priorité d'être des citoyens respectés au sein de leur entourage. Certes, la beauté du caractère nous rend capables de contribuer solidement au bien de la société, mais une grande partie de ce qu'on considère comme appartenant au style de vie chrétien peut être réalisé par des gens qui ne connaissent même pas Dieu. Chaque croyant devrait être hautement respecté ET MÊME DAVANTAGE. C'est souvent de ce « et même davantage » que nous manquons.

Si le caractère doit être au centre de notre ministère, c'est la puissance qui révolutionne le monde qui nous entoure. Si l'Église n'en revient pas aux vrais révolutionnaires selon le modèle de Jésus, nous continuerons à n'être reconnus que pour être de braves gens par un monde qui est assujetti à la maladie et à la possession démoniaque, et en route vers l'enfer.

Certains chrétiens considèrent vraiment qu'il est plus noble de préférer le *caractère* à la *puissance*. Mais nous ne devons pas séparer les deux, car il s'agirait d'un choix injustifiable et illégitime. Ensemble, ils nous conduisent vers la seule vraie question. Celle de l'obéissance.

Un jour, alors que j'enseignais à un groupe d'étudiants l'importance des signes et des prodiges dans le ministère évangélique, un jeune homme prit la parole et dit: «Je rechercherai les signes et les prodiges quand j'aurai plus en moi du caractère de Jésus». Aussi beau que cela puisse paraître, cela émane d'une mentalité religieuse, et non d'un cœur qui s'est abandonné à l'Évangile de Jésus-Christ. Pour répondre au commentaire de cet étudiant, j'ai ouvert l'Évangile de Matthieu et j'ai lu l'ordre de mission de Jésus: «Allez, faites de toutes les nations des disciples... enseignez-leur à garder tout ce que je vous ai prescrit».[2] Puis je lui ai demandé: «Qui vous a donné le droit de déterminer quand vous serez prêt à obéir à son commandement?»

## Impressionner Dieu

L'un de nous pense-t-il vraiment que Dieu puisse être impressionné quand il lui dit: «Je t'obéirai quand j'aurai plus de caractère?» C'est l'obéissance qui forge le caractère. Jésus a commandé à ses disciples d'aller et d'enseigner tout ce qu'il leur avait appris. Une partie de ce qu'ils avaient appris touchait précisément la manière de vivre et d'accomplir des miracles».[3] Ils ont reçu l'ordre suivant: «Guérissez les malades, ressuscitez les morts, purifiez les lépreux, chassez les démons».[4] Ils avaient la responsabilité d'enseigner cette exigence comme le style de vie de tous ceux qui allaient devenir disciples de Jésus-Christ. Ainsi, *son* modèle resterait *le* modèle, la norme pour tous ceux qui invoquent le nom du Seigneur afin d'être sauvés.

Nombreux sont ceux qui se considèrent comme étant indignes d'être utilisés par Dieu pour accomplir des miracles. C'est pourquoi, ils ne recherchent jamais ce domaine. N'est-il pas curieux que des chrétiens désobéissent à Dieu en ne recherchant pas soigneusement les dons spirituels? Ils n'imposent pas les mains aux malades ou ne cherchent pas à délivrer les possédés, pour la simple raison qu'ils réalisent qu'ils ont besoin de parfaire leur caractère. Cependant, dans aucune des missions qu'il a confiées à ses disciples, Jésus n'a parlé précisément du caractère.

Serait-il possible qu'en Occident, on voie si peu de miracles parce qu'un trop grand nombre de personnes qui nous ont devancés ont pensé qu'elles devaient devenir de meilleurs chrétiens avant que Dieu puisse les utiliser? Certes, oui! Ce seul mensonge nous a maintenus dans une immaturité permanente parce qu'il nous protège de la rencontre de puissance qui nous transforme. En conséquence, nous avons des convertis qui sont formés et hyperformés jusqu'à ce qu'ils n'aient plus de vie, de vision ou de candeur. La prochaine génération de convertis doit être gérée différemment. Nous devons les aider en leur offrant une nouvelle identité de transformateurs du monde, et un modèle de caractère, de passion et de puissance, tout en leur ouvrant des possibilités de service.

Mario Murillo le dit ainsi: «Quand il [le nouveau converti] prendra sa Bible, il ne mettra pas l'accent sur une guérison émotionnelle ou l'estime de soi. Il vous demandera où se trouve la gâchette et comment on tire. Quand il lira la parole de Dieu, il voudra l'appliquer à la conquête du voisinage pour Dieu!»[5]

## L'onction, clé de la croissance personnelle

Le caractère chrétien ne peut pas se développer pleinement sans servir sous l'onction. Tout ministère exercé sous l'onction nous met en contact avec la puissance qui permet la transformation de la personne.

L'Ancien comme le Nouveau Testament abondent en exemples glorieux de *revêtements de puissance pour des entreprises surnaturelles*. L'histoire du roi Saül nous enseigne un principe important. Dieu a parlé un jour, disant que son Esprit descendrait sur ce roi et qu'il le changerait en un autre homme.[6] L'onction transforme le canal à travers lequel elle coule. Deux phrases clés suivent cette promesse :

1. « Dieu lui donna un autre cœur. »

2. « L'Esprit de Dieu s'empara de lui, et il prophétisa au milieu d'eux. »[les prophètes][7]

Saül s'était vu donner l'occasion de devenir tout ce dont Israël avait besoin qu'il fût (un roi doté d'un cœur nouveau), et d'apprendre tout ce qu'il avait besoin d'apprendre (entendre la voix de Dieu et proclamer ses paroles, c'est-à-dire prophétiser).

J'ai un excellent ami qui avait un gros défaut de caractère qui l'a handicapé spirituellement, ainsi que sa famille, pendant un certain temps. Cependant, à cette époque, il gardait une puissante onction prophétique. Il n'était pas le seul à penser que le succès de son ministère était une preuve que Dieu approuvait même sa vie privée. Au fil des années, on en a vu plus d'un être victime de ce genre d'erreur. Le jour où je l'ai mis en face de son péché secret, il s'est mis à pleurer et a ressenti un profond chagrin.

Comme il occupait une place influente dans l'église, je me suis senti la responsabilité de le mettre sous discipline.[8] Aucune organisation n'est plus forte que sa capacité à discipliner ses membres, qu'il s'agisse d'une entreprise, d'un gouvernement, d'une église ou d'une famille. L'une des restrictions que je lui ai imposées alors consistait à ne plus donner de paroles prophétiques pendant un temps. Il a accepté cette directive comme une nécessité.

Après plusieurs mois de restriction, j'ai commencé à me sentir troublé par la relation qu'il pouvait y avoir entre la déclaration concernant le roi Saül et mon ami. J'ai alors réalisé que si je ne l'autorisais pas à exercer son ministère (sous l'onction), je limiterais son exposition à la chose même qui devait sceller et établir sa victoire. Quand je l'ai autorisé à prophétiser de nouveau, sa voix a manifesté une pureté et une puissance nouvelles. C'est sa rencontre personnelle avec l'onction dans le ministère qui «l'a changé en un autre homme».[9]

## Les contrefaçons existent

Un faux billet de cent dollars n'annule pas la valeur d'un vrai. De même, un don contrefait, mal utilisé ou abandonné n'invalide pas notre besoin de la puissance du Saint-Esprit pour vivre comme Jésus l'a fait.

Les pièces de monnaie ne sont jamais contrefaites pour la simple raison qu'elles n'en valent pas la peine. De même, le diable ne cherche à copier ou à déformer que les éléments de la vie chrétienne qui recèlent le plus gros potentiel. Quand je vois les autres qui ont recherché de grandes choses en Dieu mais ont échoué, je me sens poussé à *reprendre les choses là où ils se sont arrêtés*. Je me dis qu'il y a un trésor dans le champ, et je suis prêt à le chercher dans l'abandon le plus téméraire.[10] Les abus d'une personne ne justifient jamais la négligence d'une autre.

La plupart de ceux qui sont embarrassés par les abus de pouvoir et les reproches que ceux-ci ont apportés à l'église sont rarement offensés par l'absence de signes et de prodiges. Les yeux des critiques se posent rapidement sur ceux qui ont essayé et ont échoué, sans tenir compte des multitudes innombrables qui confessent avoir trouvé le salut en Jésus-Christ, mais ne recherchent jamais *les dons* comme cela leur a été commandé. Les yeux de Jésus, quant à eux, se tournent en hâte pour voir s'il y a de la foi sur terre: «Quand je reviendrai, trouverai-je la foi sur la terre?»[11] Pour chaque charlatan, il y a mille bons citoyens qui en font peu ou pas du tout pour le royaume de Dieu.

## Le dessein du royaume

Un grand nombre de chrétiens croient que la puissance de Dieu n'existe que pour nous aider à vaincre le péché. Cette conception ne prend pas en compte l'intention du Père à notre égard, qui est que *nous devenions des témoins* d'un autre monde. Ne semble-t-il pas étrange que notre vie chrétienne doive se concentrer entièrement sur la nécessité de surmonter ce qui a déjà été défait? Le péché et sa nature ont été littéralement déracinés. Un grand nombre de chrétiens crient à Dieu constamment pour recevoir plus de puissance afin de mener une vie victorieuse. Que peut-il faire de plus pour nous? Si sa mort ne suffit pas, qu'y a-t-il d'autre? Cette bataille a déjà été livrée et remportée! Est-il possible que le processus qui consiste à soulever en permanence des questions qui ont été réglées par le sang de Jésus soit celui-là même qui a suscité l'apparition de ces questions?

La plupart des enfants de Dieu campent du mauvais côté de la croix. L'apôtre Paul a traité ce sujet quand il a dit: «Ainsi vous-mêmes, considérez-vous comme morts au péché, et comme vivants pour Dieu en Christ-Jésus.»[12] Le verbe «considérez-vous» nous parle de notre besoin de changer de mentalité. Je n'ai pas besoin de puissance pour vaincre une chose si je suis déjà mort à cette chose. Mais j'ai besoin de puissance pour avoir l'audace[13] d'accomplir des choses miraculeuses et impossibles.

Une partie de notre problème réside dans le fait que nous sommes habitués à ne faire pour Dieu que des choses qui ne sont pas impossibles. Si Dieu ne se montre pas pour nous aider, nous pouvons quand même avoir du succès. Il faut qu'il y ait dans notre vie chrétienne un aspect qui soit impossible à réaliser sans une intervention divine. Cela nous maintiendra sur la frontière et nous mettra en contact avec notre véritable appel.

Ne vous y trompez pas: le caractère constitue une question suprême aux yeux de Dieu. Cependant, son approche est très différente de la nôtre. Sa justice et sa nature ne sont pas édifiées en nous par le moyen de nos propres efforts. Elles se développent quand nous arrêtons de lutter et que nous apprenons à nous abandonner complètement à sa volonté.

## Revêtus de puissance

Le besoin que les disciples avaient de la puissance pour témoigner était si grand qu'ils ne devaient pas quitter Jérusalem jusqu'à ce qu'ils l'aient reçue. Le mot «puissance» (*dunamis*) nous parle du domaine du miraculeux. Il vient lui-même du verbe *dunamai*, qui signifie «être capable.» Pensez-y un instant: nous devons être revêtus de *la capacité de Dieu*!

Les onze disciples restants étaient déjà les personnes les mieux formées de toute l'histoire dans le domaine des signes et des prodiges. Personne n'en avait vu ou fait plus, à l'exception de Jésus. Or, ce sont ces onze disciples qui devaient rester à Jérusalem jusqu'à ce qu'ils soient revêtus de *la puissance d'en-haut*. Quand ils l'ont reçue, ils l'ont compris tout de suite. Cette puissance est venue au travers d'une rencontre avec Dieu.

Par crainte de se tromper, certains ont affirmé qu'il était indécent de rechercher une expérience avec Dieu. Après tout, de nombreux groupes de gens trompés sont venus des rangs de ceux qui ont fondé leurs croyances sur des expériences qui se trouvent contredites par les Écritures. Quand on adopte de telles attitudes, on prend la crainte comme professeur. Mais pourquoi donc ces mêmes personnes n'ont-elles pas peur d'appartenir à des groupes doctrinalement stables mais qui sont dépourvus de puissance? Cette tromperie est-elle moins dangereuse que celle de ceux qui abusent de la puissance? Enterrez-vous vos dons pour dire ensuite au Maître, à son retour, que vous aviez peur de vous tromper? La puissance et le caractère sont si étroitement liés, dans l'Écriture, que l'on ne peut pas être faible dans l'une sans miner l'autre.

## Notre relation avec le Saint-Esprit

Il y a environ vingt-cinq ans, j'ai entendu quelqu'un dire que si nous voulions apprendre ce que signifie l'expression «ne pas attrister» ou «ne pas éteindre» le Saint-Esprit, nous connaîtrions le secret de la plénitude de l'Esprit. Bien que cela puisse paraître quelque peu simpliste, cette personne a touché du doigt deux vérités très importantes qui traitent du piège «caractère contre puissance».

Le commandement: «N'attristez pas le Saint-Esprit de Dieu»[14] explique en quoi notre péché affecte Dieu. Il lui cause du chagrin. Ce commandement est centré sur le caractère. Le péché est défini de deux manières: c'est le fait d'accomplir de mauvaises choses, et c'est l'échec qui consiste à ne pas faire les bonnes. «Si quelqu'un sait faire le bien et ne le fait pas, il commet un péché. »[15] S'éloigner du caractère de Christ de l'une de ces deux manières attriste le Saint-Esprit.

Sur ce même thème, nous avons aussi le commandement : « N'éteignez pas l'Esprit ».[16] Ce mandat met l'accent sur notre besoin de suivre sa direction. *Éteindre* signifie « arrêter le flot » de quelque chose. Le Saint-Esprit étant prêt à apporter salut, guérison et délivrance, nous devons *couler* avec lui. Si nous ne le faisons pas, nous l'empêchons de nous conduire dans le surnaturel.

Si nous voulons qu'il soit libre d'agir dans notre vie, nous ferons toujours face à des impossibilités. Le surnaturel est son domaine naturel. Plus le Saint-Esprit revêt de l'importance pour nous, plus ces questions prendront de la place dans notre cœur.

## Recherchez une rencontre

À un moment ou à un autre, nous devrons croire en un Dieu qui est suffisamment grand pour nous garder dans notre faim de lui. Pour parler d'une manière plus concrète, disons que le diable de bon nombre de chrétiens est plus grand que leur Dieu. Mais comment un être créé et déchu pourrait-il être comparé au Dieu infini et glorieux ? C'est une question de confiance. Si j'ai les yeux fixés sur mon besoin d'être protégé contre la tromperie, je serai toujours terriblement conscient de la puissance du diable. Si au contraire, mon cœur est complètement tourné vers celui qui « peut nous préserver de toute chute »,[17] il sera le seul à m'impressionner. Ma vie est le reflet de ce que je vois dans mon cœur.

Comment marchons-nous alors dans la puissance de Dieu ? Tout d'abord, nous devons le rechercher. La vie de puissance est une vie où nous demeurons en Christ (nous restons branchés sur la source de notre puissance). La faim d'une démonstration de puissance ne doit pas être séparée de notre passion pour lui. Mais réalisez bien ceci : notre faim de lui doit en partie se voir dans notre recherche passionnée des dons spirituels.[18] C'est ce qu'il nous commande !

Dans cette entreprise, je dois désirer passionnément des rencontres répétées avec Dieu qui transforment la vie. Je dois les réclamer à grands cris nuit et jour... et me montrer précis. Je dois être prêt à voyager pour obtenir ce dont j'ai besoin. Si Dieu agit ailleurs que là où je suis, je dois *m'y rendre*! S'il utilise quelqu'un plus que moi, je dois humblement aller vers lui et lui demander de prier pour moi en m'imposant les mains.

Certains demanderont peut-être : «Mais pourquoi ne peut-il pas me toucher là où je suis?» Certes, il le peut. Mais il agit généralement de manière à accentuer notre besoin des autres, plutôt que dans le sens contraire, qui consisterait à accroître notre indépendance. Les hommes sages ont toujours été prêts à voyager.

## Mon histoire : glorieuse, mais peu agréable

Dans ma recherche d'une puissance et d'une onction plus grande dans mon ministère, j'ai eu l'occasion de me rendre dans de nombreuses villes, parmi lesquelles Toronto. Dieu a utilisé mes expériences dans de tels endroits pour me préparer à vivre chez moi des rencontres qui transforment la vie.

Une fois, au milieu de la nuit, Dieu a répondu à ma prière et à ma soif de lui, mais pas de la manière que je l'attendais. Je suis sorti en un instant du sommeil le plus profond pour me retrouver pleinement éveillé. Une puissance difficile à expliquer a commencé à agiter mon corps, au point que j'ai frisé l'électrocution. C'était comme si j'avais été branché à une prise de courant murale et qu'une décharge de mille volts avait traversé mon corps de part en part. Mes bras et mes jambes explosèrent silencieusement comme si quelque chose avait été libéré à travers mes mains et mes pieds. Plus j'essayais d'arrêter cela, pire c'était.

J'ai vite découvert que j'étais mal parti pour gagner cette lutte. Je n'ai entendu aucune voix, et je n'ai eu aucune vision. Il s'est agi tout simplement de l'expérience la plus stupéfiante de ma vie. C'était la puissance à l'état pur... c'était Dieu. Il a répondu à la prière que je faisais depuis des mois : «Dieu, je veux avoir plus de toi, à n'importe quel prix!»

La soirée précédente avait été glorieuse. Nous avions des réunions avec Dick Joyce, un bon ami et prophète. Nous étions en 1995. À la fin de la réunion, j'ai prié pour un ami qui avait du mal à expérimenter la présence de Dieu. Je lui ai dit que je sentais que Dieu allait le surprendre, dans une rencontre qui aurait lieu vers le milieu de la journée, ou plutôt vers trois heures du matin. Quand la puissance est tombée sur moi, cette nuit-là, j'ai regardé l'heure... il était exactement trois heures du matin ! Je savais que j'avais été remis sur pied.

Pendant des mois, j'avais demandé à Dieu de me donner davantage de lui. Je ne savais pas exactement comment prier, et je ne comprenais pas la doctrine qui se cachait derrière ma requête. Tout ce que je savais, c'était que j'avais faim de Dieu. Cela avait été mon cri constant nuit et jour.

Ce moment divin fut glorieux, mais pas agréable. Au début, j'étais embarrassé, même si j'étais le seul à savoir que j'étais dans cette situation. Pendant que je restais allongé sur le sol, j'ai eu une vision où je me trouvais debout devant ma congrégation, prêchant la Parole comme j'aimais le faire. Mais je me suis vu avec les bras et les jambes battant l'air comme si j'avais des problèmes physiques graves. La scène a ensuite changé, je me suis vu descendant la rue principale de notre ville et passant devant mon restaurant préféré, encore une fois avec les bras et les jambes qui bougeaient sans qu'il me soit possible de les contrôler.

Je ne pouvais pas imaginer que quelqu'un pût croire qu'une telle chose pouvait venir de Dieu. Je me suis rappelé Jacob et sa rencontre avec l'ange du Seigneur. Il en a boîté pour le restant de ses jours. Puis il y avait Marie, la mère de Jésus. Elle a eu une expérience avec Dieu que son fiancé lui-même avait du mal à croire, c'est pourquoi un ange est venu l'aider à changer d'idée. Résultat : elle a porté le Christ-enfant... et toute sa vie durant, elle a gardé les stigmates du moment où elle avait été *la mère de l'enfant illégitime*. Tout devenait clair. La faveur de Dieu semble parfois bien différente, selon qu'on la raconte depuis la terre ou depuis le ciel. La requête que j'avais présentée à Dieu avait un prix.

Des larmes ont commencé à inonder mon oreiller, car je me remémorais les prières que j'avais faites pendant les mois précédents et les comparais aux deux scènes qui venaient de se dérouler devant mes yeux. En tout premier lieu, je réalisais que Dieu voulait faire un échange : celui de sa présence accrue contre ma dignité. Il est difficile d'expliquer comment on peut connaître le but d'une telle rencontre. Tout ce que je peux dire, c'est qu'on le *sait*. Un point, c'est tout. On connaît si clairement son dessein que tout autre réalité se dissipe dans l'ombre, au moment où Dieu pose son doigt sur la seule chose qui compte à ses yeux.

Au milieu des larmes, il y a eu le point de non-retour. J'ai capitulé dans la joie, criant : « Encore, ô Dieu, encore ! Je dois recevoir plus de toi, à tout prix ! Si je perds ma respectabilité, et t'ai en échange, j'accepte volontiers ce marché. Donne seulement plus de toi ! »

Les vagues de puissance ne se sont pas arrêtées. Elles ont continué à déferler toute la nuit, pendant que je pleurais et priais : « Encore, Seigneur, encore, donne-moi encore plus de toi, s'il te plaît ! » Tout a pris fin à six heures trente-huit, heure à laquelle je suis sorti du lit complètement rafraîchi. Cette expérience s'est renouvelée les deux nuits suivantes, en commençant à chaque fois dès que je me mettais au lit.

## Rechercher à contre-courant

La passion biblique est un mystérieux mélange d'humilité, de faim surnaturelle et de foi. Je recherche parce que j'ai été recherché. Il ne faut pas qu'on trouve en moi de léthargie. Et si la vie chrétienne moyenne autour de moi ne respecte pas le critère biblique, je dois rechercher à contre-courant. Si les gens ne sont pas guéris, je ne dois pas leur offrir un raisonnement pour que tous ceux qui m'entourent soient à l'aise avec le vide. Je dois au contraire rechercher la guérison jusqu'à ce qu'elle vienne ou que l'individu s'en aille auprès du Seigneur.[19] Je ne rabaisserai pas le niveau de la Bible au niveau de mon expérience.

Jésus a guéri tous ceux qui venaient à lui. Accepter un autre critère, c'est *rabaisser la Bible au niveau de notre expérience*, et renier par conséquent la nature même de celui qui ne change pas.

Quant au ministère de puissance, tout ce que je reçois de Dieu, je dois le donner. Vous ne recevez pour garder que ce que vous donnez. Si vous voulez voir les gens guéris, cherchez ceux qui sont malades et proposez-vous de prier pour eux. Certes, je ne suis pas celui qui guérit, mais j'ai le contrôle sur ma disposition à servir ceux qui sont dans le besoin. Si j'exerce mon ministère en faveur de ceux qui sont dans le besoin, je lui donne l'occasion de montrer son amour extravagant pour les gens. Le ministère des signes et des prodiges n'ira pas loin si nous avons peur d'échouer. Comme Randy Clark l'a dit : « Pour réussir, je dois être prêt à échouer ».

## La recherche du fruit

Jésus a dit que nous devions recevoir le royaume de Dieu comme un enfant. La vie de puissance se sent comme chez elle dans le cœur d'un enfant. L'enfant a une envie insatiable d'apprendre. Soyez comme un enfant et lisez les ouvrages écrits par ceux qui ont eu un ministère de guérison fructueux. Évitez les livres et les enregistrements de ceux qui prétendent que cela ne devrait pas ou ne peut pas être fait. Si l'auteur ne marche pas dans la puissance, ne l'écoutez pas, peu importe qu'il soit compétent dans un autre domaine. Celui qui est expert dans le domaine des finances bibliques n'est pas nécessairement compétent dans celui des signes et des prodiges. Respectez la place qu'il a en Dieu et dans son domaine de compétence, mais ne perdez pas un temps par ailleurs précieux à lire les ouvrages de ceux qui ne font pas ce qu'ils enseignent. Nous nous sommes engraissés avec les théories des chrétiens de salles de classe. Nous devons apprendre auprès de ceux qui *le font, tout simplement* !

Quelqu'un a apporté un jour un livre à mon bureau. Ce livre critiquait le réveil qui a démarré à Toronto en janvier 1994. J'ai refusé de le lire et je l'ai jeté. Vous me direz peut-être : « Vous n'êtes pas très ouvert ». Vous avez raison. Ma responsabilité, c'est de protéger ce que Dieu m'a donné. Cette tâche n'incombe à personne d'autre. Un morceau de la flamme originale du jour de la Pentecôte brûle en moi. Cela a été transmis de génération en génération. Ce feu brûle en moi, et c'est à cause de cela que je ne serai plus jamais le même. Ma passion pour Jésus s'accroît continuellement, et les signes et les prodiges qu'il a promis se manifestent de manière régulière dans ma vie.

À mes yeux, le simple examen des critiques du réveil équivaudrait à écouter les arguments d'une personne qui essaierait de me prouver que j'aurais dû épouser une autre femme. Tout d'abord, j'aime ma femme et je ne trouve d'intérêt en aucune autre. Deuxièmement, je me refuse à considérer les pensées de toute personne qui désire ébranler mon amour pour elle. Les seules personnes qui sont susceptibles d'attirer mon attention sont celles qui apporteront un plus à mon engagement envers elle. Tout ce qui pourrait l'amoindrir ne serait qu'absurdité de ma part.

Les critiques de ce réveil cherchent inconsciemment à me séparer de mon premier amour. Je ne leur donnerai aucune place. J'ai de nombreux amis qui peuvent lire les livres des critiques sans que cela les affecte le moins du monde. Je respecte leur capacité à enfoncer leurs mains dans la boue sans se salir les mains. Moi, ce n'est pas mon style. Ce n'est pas mon don. Découvrez comment vous fonctionnez le mieux. Puis fonctionnez!

Je n'ai donc pas le temps d'écouter les critiques, mais j'accepte par contre «les blessures d'un ami».[20] Les corrections qui nous sont offertes par l'intermédiaire de relations riches de signification nous préservent de la tromperie.

## Et s'il ne se passe rien...

Si nous enseignons, prêchons ou témoignons et qu'il ne se passe rien, nous devons retourner à la planche à dessein, c'est-à-dire nos genoux. Ne cherchez pas des excuses à votre manque de puissance. Depuis des décennies, l'Église s'est rendue coupable d'élaborer une doctrine pour justifier son manque de puissance, au lieu de crier à Dieu jusqu'à ce qu'il la change. Le mensonge que les chrétiens ont fini par croire a engendré un domaine entier de la théologie qui a infecté le corps de Christ, sur la base de la peur du Saint-Esprit. Cela trompe alors que le but était d'éviter de se tromper. La parole de Dieu doit être proclamée avec puissance. La puissance, c'est le domaine de l'Esprit. La parole de Dieu non accompagnée de puissance, c'est *la lettre* sans *l'Esprit*. Or, nous savons tous que «la lettre tue, mais l'Esprit fait vivre».[21] Si nous délivrons la parole de Dieu, les vies doivent en être changées. Rappelez-vous que la conversion est le plus grand et le plus précieux des miracles.

«Car Christ ne m'a pas envoyé pour baptiser, mais pour annoncer l'Évangile, et cela sans la sagesse du langage, afin que la croix de Christ ne soit pas rendue vaine.»[22] Si l'Évangile est impuissant, c'est parce que la sagesse humaine a exercé son influence.

## La prière, porte d'accès à la puissance

Chaque fois que j'ai pris le temps de chercher la face de Dieu parce que j'avais besoin de prière pour appuyer son message, il a toujours répondu par un plus, et notamment au niveau des miracles. J'ai appris quelque chose dans ce domaine avec Randy Clark. Quand il remarque qu'il y a certaines sortes de guérisons qui ne se manifestent pas dans ses réunions, il crie à Dieu en mentionnant des noms de maladies spécifiques, dans ses prières. Il n'avait, par exemple, que quelques miracles dans le domaine des maladies du cerveau, comme par exemple la dyslexie. Après avoir crié à Dieu pour voir de telles maladies être guéries, il a commencé à voir une percée. J'ai suivi sa direction et je n'ai jamais vu Dieu me faire faux bond. La précision dans les requêtes est une bonne chose, car elle est mesurable. Certaines de nos prières sont trop générales, et Dieu aurait beau y répondre, nous ne nous en rendrions pas même compte.

Après avoir appris ce principe par l'exemple de Randy, j'ai commencé à prier pour les désordres du cerveau. Un tel miracle est arrivé dans la vie d'une femme qui s'appelait Cindy. On lui avait fait savoir que le tiers de son cerveau avait cessé de fonctionner. En conséquence, elle souffrait de vingt-trois désordres au niveau de l'apprentissage. Elle ne pouvait rien faire dans le domaine de la mémorisation, des chiffres ou des cartes. Lors d'une de nos réunions du vendredi, elle se tenait dans la file de la prière, attendant la bénédiction de Dieu. Lorsque nous avons prié pour elle, elle s'est effondrée d'un seul coup sous le poids de la gloire de Dieu. Pendant qu'elle était allongée là, vaincue par la puissance de Dieu, elle a eu une vision dans laquelle Jésus lui demandait si elle aimerait qu'il la guérisse. Elle a répondu évidemment par l'affirmative. Au commandement de Jésus, elle s'est levée d'un bond et est partie en courant chercher sa Bible. Pour la première fois de sa vie, tout était à sa juste place sur la page. Quand elle a rendu témoignage de ce miracle, une quinzaine de jours plus tard, elle a cité de nombreux versets qu'elle avait pu apprendre par cœur depuis sa guérison.

## Payez-moi maintenant ou plus tard

On entend souvent parler du prix de l'onction. Il est certain que le fait de marcher dans la puissance de Dieu a son prix pour tous ceux qui se donnent à cette mission. Cependant, l'absence de puissance coûte encore plus cher. Dans le prochain chapitre, nous découvrirons de quelle manière l'éternité est affectée par notre manque de puissance.

## Notes

1. Dangereux pour les puissances de l'enfer et les œuvres des ténèbres.
2. Matthieu 28.19.
3. Matthieu 10.1, 5-8, 17 et Luc 9.1-6.
4. Matthieu 10.8.
5. *Fresh Fire*, de Mario Murillo, p.85 (Anthony Douglas Publishing).
6. Voir 1 Samuel 10.6.
7. 1 Samuel 10.9-10.
8. La discipline peut mener une personne à la victoire, mais le châtiment peut brider et couvrir de honte.
9. Cette illustration ne doit pas être séparée de l'importance de la discipline. La discipline biblique n'est pas un châtiment. C'est le fait de choisir dans l'amour les restrictions qui sont les meilleures pour la personne et l'ensemble de la famille spirituelle. La durée de sa mise en discipline était proche du point où elle aurait tourné au châtiment et l'aurait privé de ce dont il avait besoin.
10. L'abandon téméraire n'est pas l'insouciance spirituelle. La plupart des échecs du passé proviennent du fait que les leaders ont trop pris leurs distances avec les

personnes que Dieu avait placées dans leur vie. Je recherche des choses dange-reuses, mais je rends des comptes, et je m'efforce de protéger mes relations à tous les niveaux. Je crois qu'il s'agit ici du domaine de la sécurité que beaucoup ont abandonné dans leur recherche du «trésor caché dans le champ».

11. Voir Luc 18.8.

12. Romains 6.11.

13. Voir Actes 4.28-29.

14. Éphésiens 4.30.

15. Jacques 4.17.

16. 1 Thessaloniciens 5.19.

17. Voir Jude 24-25.

18. 1 Corinthiens 14.1.

19. À ce moment-là, il convient de prier pour la résurrection!

20. Voir Proverbes 27.6.

21. 2 Corinthiens 3.6.

22. 1 Corinthiens 1.17.

# Le prix élevé
## du manque de puissance

## CHAPITRE II

*« Gagnez pour l'Agneau qui a été immolé la récompense
de sa souffrance ». (parole des Moraves)*

L e réveil est l'atmosphère au sein de laquelle la puissance de Christ a le plus de chances de se manifester.
Il touche chaque partie de la vie humaine, faisant irruption dans la
société avec des étincelles de révolution. Une telle gloire a son prix
et ne doit pas être prise à la légère. Cependant, une Église privée de
puissance a un prix bien plus élevé en termes de souffrance
humaine et d'âmes perdues. Pendant un réveil, l'enfer est pillé et le
ciel se remplit. Sans réveil, l'enfer se remplit. Un point, c'est tout.

Permettez-moi d'illustrer cette nécessité des signes et des
prodiges dans notre effort pour voir nos villes transformées et la
gloire de Dieu remplir la terre. Sans ce qui suit, le monde souffre,
Dieu est attristé, et nous devenons pitoyables :

## 1. Les signes et les prodiges révèlent la nature de Dieu...

Le but premier du monde du miraculeux est de révéler la nature de Dieu. L'absence de miracles fait l'œuvre du voleur, car elle dérobe une révélation précieuse qui est à la portée de tout être humain, homme, femme ou enfant. Notre dette envers l'humanité consiste à lui apporter des réponses à l'impossible, et une rencontre personnelle avec Dieu. Or, cette rencontre doit inclure une grande puissance.[1]

Nous devons être des témoins de Dieu. Apporter *un témoignage*, c'est «représenter.» Ce qui signifie littéralement le *re-présenter*. Par conséquent, le re-présenter sans puissance, c'est un manquement grave. Il est impossible d'apporter un témoignage adéquat de Dieu sans faire la preuve de sa puissance surnaturelle. Le surnaturel, c'est son milieu naturel. Jésus était l'exacte représentation de la nature du Père.[2] Sa re-présentation du Père est un modèle pour nous si nous voulons apprendre à le re-présenter. Le domaine miraculeux de Dieu cherche toujours à atteindre un but. Il ne descend jamais sur des gens avec puissance simplement pour se montrer ou pour distraire le public. Les démonstrations de puissance ont une nature rédemptrice. Les activités cataclysmiques de l'Ancien Testament ont elles aussi pour but d'amener les hommes à la repentance.

La guérison n'a jamais une dimension unique. Si le miracle peut changer la santé physique de la personne, il fait jaillir comme une étincelle une révolution dans le cœur de cette personne. Les deux révèlent la nature de Dieu, qui ne doit jamais être compromise par une forme de christianisme dépourvue de puissance.

## 2. Les signes et les prodiges exposent le péché et amènent les gens à prendre une décision...

«Quand il vit cela, Simon Pierre tomba aux genoux de Jésus et dit: Seigneur, éloigne-toi de moi parce que je suis un homme pécheur.»[3]

Pierre avait pêché toute la nuit en vain. Jésus lui dit alors de jeter son filet de l'autre côté de la barque, ce qu'il avait certainement fait bien des fois. Quand il le fit, sur l'ordre du Maître, la prise de poissons fut si importante qu'elle faillit faire couler la barque. Pierre appela ceux qui étaient dans les autres barques à l'aide. Sa réponse à ce miracle fut : «Je suis un homme pécheur».

Qui lui avait dit qu'il était un pécheur ? Nous ne trouvons pas traces de sermons, de réprimandes ou de quelque autre chose de ce genre dans la barque, ce jour-là. Simplement une bonne pêche. Alors, comment a-t-il acquis une telle conviction de péché ? Par le miracle. La puissance nous expose. Elle trace une ligne dans le sable et pousse les gens à prendre une décision.

Les démonstrations de puissance ne garantissent jamais que les gens vont se repentir. Il suffit de regarder à Moïse pour réaliser que parfois, le miracle ne fait que pousser nos pharaons à acquérir plus de détermination pour nous détruire quand nous voyons la puissance de Dieu à l'œuvre. En l'absence de miracles, les Pharisiens auraient peut-être oublié l'Église qui était née du sang de Jésus répandu à la croix. C'est la puissance qui a excité le zèle de l'opposition. Nous devons être bien lucides à ce sujet : la puissance pousse souvent les gens à décider pour qui ou contre qui ils sont. La puissance déplace le terrain d'entente.

Les ministères de compassion jouent un rôle essentiel dans la proclamation de l'Évangile. Ils constituent l'un des moyens par lesquels l'amour de Dieu peut et doit être vu. Cependant, ils ne s'expriment pas parfaitement s'il n'y a pas de démonstration de puissance. Pourquoi ? La réalité est la suivante : le monde applaudira habituellement de tels efforts parce qu'ils savent que nous devons les faire. Mais prenons conscience aussi de cette triste réalité : il est courant de voir des gens reconnaître la bonté de l'Église sans pour autant être amenés à la repentance. Mais la puissance force les portes à cause de sa capacité inhérente à rendre les hommes plus humbles.

Jésus a dit : «Si je n'avais pas fait parmi eux les œuvres que nul autre n'a faites, ils n'auraient pas de péché.»[4]

Voulait-il dire que le péché n'existait pas dans le cœur des Juifs tant qu'il n'avait pas accompli de miracles ? J'en doute fort. Il explique plutôt ici le principe qui est révélé dans la repentance de Pierre. La puissance expose le péché et force les gens à prendre des décisions. Quand la puissance est absente, nous n'utilisons pas les armes qui composaient l'arsenal de Jésus quand il exerçait lui-même son ministère auprès des perdus. Quel en est le résultat? La plupart des gens demeurent perdus. La puissance force les gens à prendre conscience de l'existence de Dieu à un niveau personnel, et cela est exigeant par nature.

## 3. Les signes et les prodiges donnent du courage...

> « *Les fils d'Éphraïm, armés et tirant de l'arc, tournèrent le dos au jour du combat. Ils ne gardèrent pas l'alliance de Dieu, et refusèrent de marcher dans sa loi.*
> *Ils oublièrent ses hauts faits, ses miracles qu'il leur avait fait voir.* »[5]

Une partie très profonde de la culture juive a été façonnée par le commandement qui consiste à *garder les commandements du Seigneur*. La famille elle-même était conduite par la révélation permanente de Dieu contenue dans ses commandements et ses témoignages. Les Israélites se devaient de parler de la loi de Dieu et de ce que Dieu avait fait, lorsqu'ils allaient se coucher le soir, lorsqu'ils se levaient le matin, lorsqu'ils se promenaient, etc. Presque chaque instant de la journée était le moment propice pour parler des œuvres étonnantes de Dieu.

Pour être sûrs de ne pas oublier, ils devaient ériger des monuments qui les aideraient à se souvenir de l'invasion de Dieu dans leur vie. Par exemple, ils entassèrent des pierres à l'endroit même où Israël avait traversé le Jourdain.[6] Ainsi, quand leurs enfants leur demanderaient: «Dis, papa... pourquoi y a-t-il un tas de pierres, ici?», ils raconteraient de quelle manière Dieu était intervenu en leur faveur.

Le témoignage rendu à Dieu aiguise l'appétit pour d'autres activités divines. On découvre chez les gens une plus grande attente quand on leur rappelle la nature et l'alliance surnaturelles de Dieu. Et quand l'attente augmente, les miracles se font plus fréquents.

Quand les miracles se font plus fréquents, les témoignages se font plus nombreux. Vous voyez le processus. Le simple fait de rendre témoignage de ce que Dieu fait peut stimuler les autres. Ainsi, ils s'attendent à ce que Dieu agisse en leur temps aussi, et ils le voient entrer en action. Le contraire est tout aussi vrai. Quand les miracles sont moins nombreux, on les attend moins. Si l'on attend moins de miracles, ils arrivent moins souvent. Comme vous pouvez le voir, on peut tout aussi bien assister à une spirale descendante. Quand nous oublions ce que Dieu a fait, et que nous ôtons le témoignage de nos lèvres, nous finissons par avoir peur du jour de la bataille. L'histoire des fils d'Éphraïm est tragique car ils étaient équipés pour vaincre. Il ne leur manquait que le courage. Or, ce dernier devait venir du souvenir qu'ils avaient de ce que Dieu avait été pour eux.

## 4. Le surnaturel est la clé qui ouvre les villes pécheresses du monde...

> « *Alors il se mit à faire des reproches sévères aux villes dans lesquelles avaient eu lieu la plupart des miracles, parce qu'elles ne s'étaient pas repenties.*
> *Malheur à toi, Chorazin ! Malheur à toi, Bethsaïda ! Car, si les miracles faits au milieu de vous avaient été faits à Tyr et à Sidon, il y a longtemps qu'elles se seraient repenties avec le sac et la cendre.*
> *C'est pourquoi je vous le dis : au jour du jugement, Tyr et Sidon seront traitées moins rigoureusement que vous. Et toi, Capernaüm, seras-tu élevée jusqu'au ciel ? (Non), tu seras abaissée jusqu'au séjour des morts, car si les miracles faits au milieu de toi avaient été faits dans Sodome, elle subsisterait encore aujourd'hui. C'est pourquoi je vous le dis : Au jour du jugement, le pays de Sodome sera traité moins rigoureusement que toi.* »[7]

Ce texte de l'Écriture fait une distinction entre les villes religieuses et celles qui sont connues pour leur péché. La ville religieuse avait une conscience engourdie de son besoin de Dieu, alors que la ville pécheresse réalisait pleinement qu'il lui manquait quelque chose.[8] La religion se révèle encore plus cruelle que le péché.

Les villes que Jésus mentionne ici avaient vu plus de signes et de miracles que l'ensemble de toutes les autres. Les miracles que Jésus avaient accomplis étaient si nombreux que l'apôtre Jean devait dire plus tard que si on les racontait tous, cela remplirait tous les livres du monde.[9] Cela nous aide à mesurer la réprimande que Jésus a adressée aux villes endurcies.

Jésus s'est trouvé limité dans son action à Nazareth, à cause de l'incrédulité de ses habitants.[10] Cependant, à Chorazin et à Bethsaïda, ses miracles semblent n'avoir connu aucune limite, ce qui sous-entend que ces villes avaient une certaine mesure de foi. Sa ferme réprimande ne semble pas due au fait qu'ils n'auraient pas apprécié ses miracles. Car ce n'était pas le cas. Leur problème semble plutôt résider dans le fait qu'ils ont apprécié ces miracles, au lieu de faire simplement de Jésus le centre de leur vie. C'est ce que fait la religion, d'ordinaire. Comme Jésus l'a dit, ils ont omis de se repentir et de changer de façon de penser, de conception de la vie.

Nombreux sont ceux qui apprécient l'action de Dieu, mais ne se repentent pas de manière authentique. (Ils ne changent pas de conception de la vie, et ne font pas des activités de Jésus le centre et l'ambition de leur existence). La révélation qui leur a été accordée par le moyen des miracles a accru leur responsabilité, exigeant ainsi un changement. Mais ce changement n'est jamais venu.

L'onction sur Capernaüm a été si grande que certaines traductions disent que ses habitants ont été «élevés jusqu'au ciel». Jésus a-t-il pu vouloir dire que le règne du miraculeux qui les a entourés fut si grand qu'il fit de leur ville une sorte de «ciel sur la terre?» Si c'est le cas, Capernaüm est donc devenue, pour un court moment, l'incarnation même de l'expression de Jésus «sur la terre comme au ciel». Ils ont laissé Jésus accomplir une grande œuvre, mais n'ont jamais procédé dans leur vie à l'ajustement qui s'imposait pour qu'il devienne le centre même de leur existence.

Cependant, cette histoire contient un autre message. Tyr, Sidon et Sodome se seraient repenties si elles avaient été exposées à la même mesure de *l'effusion du Saint-Esprit*! Vous entendez bien? *Elles se seraient repenties!* Il s'agit là d'une promesse et d'une prophétie pour aujourd'hui. Si des miracles ont lieu dans les «villes de péché» du monde, *ses habitants se repentiront!* C'est ce secret qui nous donne accès au cœur de ces grandes villes! Les San Franciscos et les Amsterdams, les Nouvelles-Orléans et les Rios de Janeiro de ce monde *se repentiront...* s'il se trouve une armée de saints, remplis du Saint-Esprit, marchant dans les rues, pensant à ceux qui ont le cœur brisé, et présentant le Dieu de puissance qui peut transformer leur situation impossible. Ils se repentiront! C'est une promesse. Ils attendent simplement ceux qui vont venir leur présenter le message du royaume de Dieu à venir.

Le manque de puissance annule cette possibilité, et c'est le jugement de Dieu qui le remplace.

## 5. Les miracles révèlent sa gloire...

> *« Tel fut à Cana en Galilée, le commencement des miracles que fit Jésus. Il manifesta sa gloire, et ses disciples crurent en lui. »*[11]

Jésus assistait à un mariage où le vin vint à manquer. Il n'avait pas encore accompli un seul des prodiges pour lesquels, plus tard, il deviendrait célèbre. Marie connaissait bien son fils et ce qu'il était capable de faire. C'est pourquoi, à ce moment critique, elle se tourna vers lui et lui dit: «Ils n'ont plus de vin.» Jésus lui répondit: «Femme, qu'y a-t-il entre toi et moi? Mon heure n'est pas encore venue». C'est alors que Marie fit une chose étonnante. Elle se tourna vers les serviteurs et leur dit: «Faites tout ce qu'il vous dira».[12] Leur foi permit simplement à Dieu de montrer son extravagance! Jésus accomplit alors le miracle de la transformation de l'eau en vin.

Mais que s'est-il réellement passé? Il est important de rappeler que Jésus ne faisait que ce qu'il voyait son Père faire, et il ne disait que ce qu'il entendait son Père dire. Quand Marie avertit Jésus pour la toute première fois qu'il n'y avait plus de vin, il convient de dire qu'il avait remarqué que Dieu n'était pas occupé à faire quelque miracle que ce soit dans ce mariage. En outre, il savait que *son heure,* celle où il se révélerait comme celui qui fait des miracles, n'était pas encore venue... D'où sa réponse à Marie:

«Femme, en quoi ton inquiétude me concerne-t-elle? Mon heure n'est pas encore venue.» Ce à quoi Marie répondit avec foi, avant de veiller à ce que les serviteurs se tiennent prêts à faire... «tout ce qu'il vous dira».

Jésus regarda une fois de plus pour voir ce que le Père faisait, et il constata alors qu'il s'occupait de changer l'eau en vin. C'est pourquoi Jésus suivit sa direction et accomplit le miracle. La foi de Marie toucha le cœur de Dieu au point que, ce jour-là, il changea apparemment le moment qu'il avait prévu pour révéler Jésus comme celui qui fait des miracles. La foi remue les cieux, de manière à ce que le ciel puisse remuer la terre.

D'après Jean 2.11, cette démonstration de la puissance de Dieu libéra la gloire de Dieu dans ce lieu. C'est ce que font les signes et les prodiges. Ils libèrent la gloire de Dieu dans nos villes. Le besoin -- qu'il s'agisse de maladie physique, de pauvreté, d'oppression, etc -- représente l'impact des ténèbres. Le miracle déplace les ténèbres et les remplace par la lumière, c'est-à-dire la gloire. Quand il n'y a pas de miracles, la gloire de Dieu -- c'est-à-dire la présence manifeste de Jésus -- est également absente.

Quand la gloire est libérée, elle déplace les puissances des ténèbres et les remplace par la présence réelle et souveraine de Dieu. La maison se trouve ainsi balayée et ornée et elle se remplit de ce que le ciel lui fournit.[13] Quand les puissances des ténèbres sont ôtées, elles doivent être remplacées par les bonnes choses, sinon l'ennemi aura la possibilité de revenir en toute légalité, rendant la nouvelle condition de cette personne pire encore que la première. Les miracles ont ce double effet: ils ôtent l'influence et la souveraineté de l'enfer, tout en installant la présence souveraine de Dieu.

Comment la gloire de Dieu couvrira-t-elle la terre? Je crois qu'au moins en partie, ce sera par l'intermédiaire d'un peuple qui marche dans la puissance, portant le témoignage de Jésus auprès des nations du monde. Une génération se lèvera, qui captera cette vision et envahira le système mondial en apportant un témoignage vivant de ce que Jésus est!

## 6. Les signes poussent les gens à rendre gloire à Dieu...

*« À cette vue, les foules, saisies de crainte, glorifièrent Dieu qui a donné aux hommes un tel pouvoir. »*[14]

Je parle de la puissance miraculeuse de Jésus dans presque chaque réunion que je préside, qu'il s'agisse d'une réunion traditionnelle dans une église, d'une conférence, ou encore d'une réunion de conseil d'administration. Quand j'en parle loin de chez moi, voici ce que je fais assez souvent pour stimuler la foi et aider ceux qui m'écoutent à diriger leurs cœurs vers Dieu. À la fin de mon intervention, je pose la question suivante : «Combien d'entre vous ont rendu gloire à Dieu quand j'ai donné ces témoignages ?» Presque tous lèvent alors la main. Puis je leur rappelle ceci : «S'il n'y avait eu aucune manifestation de puissance et aucun témoignage, Dieu n'aurait jamais reçu cette gloire. Sans manifestation de puissance, nous volons la gloire qui revient à Dieu !»

## 7. Les signes rendent eux-mêmes gloire à Dieu !

*« Bénissez l'Éternel, vous toutes ses œuvres,*
*dans tous les lieux où il domine !*
*Mon âme, bénis l'Éternel ! »*[15]

*« Toutes tes œuvres te célébreront, Éternel !*
*Et tes fidèles te béniront. »*[16]

Les miracles ne font pas que pousser les cœurs des hommes à rendre gloire à Dieu. Ils lui rendent eux-mêmes gloire. Je ne sais pas avec exactitude comment cela fonctionne, mais d'une manière ou d'une autre, l'acte accompli par Dieu a une vie propre et il contient en lui-même la capacité de rendre gloire à Dieu sans l'assistance des hommes. L'absence de miracles prive Dieu de la gloire qu'il est en droit de recevoir de la vie qu'il libère dans ses propres œuvres.

## 8. Les miracles sont une force d'unité pour les générations...

*« Que chaque génération glorifie tes œuvres,*
*qu'elle raconte tes exploits. »*[17]

*« Nous ne le dissimulerons pas à leurs fils,*
*Redisant à la génération future les louanges de l'Éternel,*
*Et sa puissance, et les miracles qu'il a opérés.*
*Il a dressé un témoignage en Jacob,*
*Il a mis une loi en Israël,*
*Qu'il a ordonné à nos pères de faire connaître à leurs fils.*
*Pour que (la) connaissent ceux de la génération future :*
*Des fils naîtront,*
*Ils se dresseront et le rediront à leurs fils.*
*Ils mettront leur assurance en Dieu. »*[18]

Israël devait ériger des monuments en mémoire des activités de Dieu. La raison? Pour que dans leur vie de tous les jours, ils aient un mémorial qui fasse savoir aux générations à venir qui est Dieu, et à quoi ressemble son alliance avec son peuple. Le témoignage devait être à la fois un récit de l'activité de Dieu auprès de son peuple et une invitation pour les autres à le connaître par ce moyen. Ainsi, une génération parlerait du témoignage de Dieu à une autre. Il n'est pas dit que la génération la plus âgée parlerait à la plus jeune. Si c'est ce qu'on pense généralement, quand on lit ce verset, il est tout aussi vrai qu'une génération plus jeune peut fort bien expérimenter Dieu, et en faire profiter une génération plus âgée. Ainsi, les rencontres avec le Dieu tout-puissant deviennent un facteur d'unité pour les générations!

## 9. Les signes et les prodiges affirment l'identité de Jésus...

*« Si je ne fais pas les œuvres de mon Père, ne me croyez pas!*
*Mais si je les fais, quand même vous ne me croiriez pas, croyez*
*à ces œuvres, afin de savoir et de reconnaître que le Père est en*
*moi, et moi dans le Père. »*[19]

Alors que les Juifs luttaient pour croire en Jésus comme en leur Messie, il leur dit simplement de regarder à ses miracles et de les croire. Pourquoi? Un signe vous conduit toujours quelque part. Jésus n'avait pas peur de la direction dans laquelle les conduiraient ses miracles. Quelque part, la simple démarche qui consiste à croire en ce qu'ils voyaient pouvait finir par les rendre capables de croire en Jésus[20], comme ce fut le cas pour Nicodème. Chaque miracle a rendu témoignage à l'identité de Jésus. Sans miracles, la révélation de Jésus ne peut pas être complète.

## 10. Les miracles aident les gens à entendre Dieu...

> *« Les foules, d'un commun accord, s'attachaient à ce que disait Philippe, en apprenant et voyant les miracles qu'il faisait. »*[21]

Philippe était le messager de Dieu pour la ville de Samarie. Les habitants de cette ville purent écouter ses paroles comme des paroles venant de Dieu, à cause des miracles qu'ils virent. Les actes de puissance aident les gens à mettre leur cœur au diapason des choses de Dieu. Cela permet de les libérer du raisonnement selon lequel le monde matériel est la réalité suprême. Un tel changement de perspective est essentiel à la réponse la plus basique de l'homme à Dieu. Par essence, c'est ce que le mot *repentance* signifie. Les miracles offrent la grâce nécessaire à la repentance.

Le désespoir que les miracles engendrent est en partie responsable de ce phénomène. Quand nos intérêts se détournent de tout ce qui est naturel, nous dirigeons notre attention vers Dieu. Cette transformation du cœur ouvre à la fois les yeux et les oreilles du cœur. Nous voyons alors ce qui a été devant nos yeux pendant tout ce temps-là, et nous entendons ce que Dieu nous a dit depuis le début.

Les miracles provoquent un changement de priorités. Ils se révèlent fort utiles en nous aidant à entendre plus clairement. Sans eux, nous sommes plus enclins à nous laisser diriger par notre propre pensée, tout en appelant cela la « spiritualité ».

## 11. Les miracles aident les gens à obéir à Dieu...

*« Car je n'oserais rien mentionner que Christ n'ait fait pour
moi,
pour amener les païens à l'obéissance, en parole et en œuvre,
par la puissance des signes et des prodiges, par la puissance
de l'Esprit.
Ainsi, depuis Jérusalem et en rayonnant jusqu'en Illyrie,
j'ai abondamment répandu l'Évangile du Christ. »*[22]

L'apôtre Paul démontre ici comment les Gentils ont été amenés
à l'obéissance, par la puissance de l'Esprit de Dieu, exprimée en
signes et en prodiges. C'est cela qu'il appelait «prêcher *abondamment* l'Évangile». Il ne s'agissait pas d'un message complet sans la
démonstration de la puissance de Dieu. C'est ainsi que Dieu dit
«amen» à sa propre parole, quand elle est proclamée!

La Bible est riche d'histoires de héros qui ont acquis le courage
d'obéir à Dieu dans les circonstances les plus difficiles, grâce à une
expérience personnelle du miraculeux. Rien ne peut faire frissonner
davantage le cœur que le fait de connaître Dieu. Dieu a un pouvoir
illimité. Il est pour nous et non contre nous, et suffisamment grand
pour compenser notre petitesse. Inversement, le fait d'être élevé
dans un foyer où il y a peu ou pas d'évidence des choses dans
lesquelles nous croyons ne peut que faire perdre ses illusions à une
génération qui a été créée pour accomplir des exploits.

## 12. Les miracles confirment l'identité du Fils de Dieu et de son Église...

*« Il vint de nuit auprès de Jésus et lui dit: 'Rabbi, nous savons
que tu es un docteur venu de la part de Dieu; car personne ne
peut faire ces miracles que tu fais, si Dieu n'est avec lui. »*[23]

La promesse «je serai avec toi» apparaît très souvent dans les
Écritures. Elle a toujours été faite à des personnes qui se trouvaient
dans des circonstances impossibles qui nécessitaient un miracle.[24]
Si sa présence est réconfortante, que sa douce communion est ce
qui m'attire dans une relation intime avec lui, sa présence est

également un don du ciel dont le but est de me conduire vers un lieu où je ferai preuve d'un grand courage pour voir des signes et des prodiges.

Les Juifs comprenaient très bien l'idée selon laquelle si Dieu est avec nous, il y aura des miracles. «Car personne ne peut faire ces miracles que tu fais, si Dieu n'est avec lui.» Dans la grande mission d'évangélisation de Matthieu 28.18-20, nous trouvons cette phrase: «Je suis avec vous tous les jours, jusqu'à la fin du monde.» Sa présence nous assure de son intention de nous utiliser dans son œuvre miraculeuse. Son intervention dans la vie de tous les croyants est un acte prophétique qui proclame son dessein surnaturel pour son peuple.

## Comment reçoit-on la puissance ?

Jésus a commandé aux personnes les mieux formées de l'Histoire pour œuvrer dans le surnaturel de «ne pas s'éloigner de Jérusalem, mais d'attendre la promesse du Père.»[25] Luc l'exprime ainsi: «Restez dans la ville, jusqu'à ce que vous soyez revêtus de la puissance d'en haut.»[26] Bien qu'ils aient été avec lui et qu'ils aient fait l'expérience de sa puissance dans leur propre ministère, ils devaient attendre la *dunamis*, la capacité d'accomplir des miracles.

C'est comme s'ils avaient travaillé sous la protection de son onction. L'heure était maintenant venue pour eux de recevoir leur propre onction lors d'une rencontre avec Dieu. Le baptême de feu leur offrirait leur propre rencontre permanente, celle qui leur permettrait de rester au centre de la volonté de Dieu *quand* viendrait la persécution.

Le baptême dans le Saint-Esprit est une immersion dans la *dunamis* du ciel. La capacité de prier en langues est un don merveilleux qui est reçu grâce à ce baptême. Je prie constamment en langues, et je suis reconnaissant à Dieu pour un tel don. Mais il serait embarrassant et simpliste de penser que le parler en langues constitue *le* dessein d'une invasion aussi sainte. C'est comme si l'on disait que la traversée du Jourdain par Israël équivalait à sa prise de la Terre Promise. Oui, ils y avaient mis le pied, ils pouvaient la voir, mais ils ne la possédaient pas! Leur traversée de la rivière leur donnait un accès légal à sa possession. Ce merveilleux baptême de l'Esprit nous a donné un tel accès. Mais si nous restons sur les rives du fleuve en criant «c'est à moi», c'est le summum de l'absurdité. Une telle ignorance a poussé de nombreuses personnes à s'arrêter dans leur quête après avoir reçu leur langue spirituelle. On leur a dit qu'ils étaient maintenant remplis du Saint-Esprit. Mais un verre n'est plein que lorsqu'il déborde. La plénitude se voit au débordement.

La plénitude de Dieu doit aller plus loin pour moi que le simple fait de me donner une langue surnaturelle. Si tout tenait à cela, je n'aurais pas de quoi me plaindre. C'est un don glorieux que Dieu nous fait. Mais ses desseins nous font aller plus loin et entrer dans un partenariat divin grâce auquel nous devenons co-ouvriers avec Christ. Nous avons reçu sa puissance afin d'être des témoins. Chaque fois que, dans les Écritures, l'Esprit de Dieu est descendu sur des gens, la nature entière s'est inclinée devant eux. La puissance se manifestait, et les impossibilités faisaient place à la pleine expression de la présence de Dieu.

## La lecture des signes

Un grand nombre de personnes craignent les signes et les prodiges parce qu'ils craignent d'être trompés. Pour éviter d'avoir la possibilité d'être trompés, ils remplacent les manifestations de puissance par des traditions religieuses, des activités chrétiennes ou même des études bibliques. Ils se satisfont souvent de la connaissance, mais quand les choses se passent ainsi, qui est vraiment trompé?

Les signes ont un dessein. Ils ne sont pas une fin en eux-mêmes. Ils nous parlent d'une réalité supérieure. Quand nous sortons d'un bâtiment, nous n'empruntons pas le panneau indiquant «sortie». Quand nous devons éteindre un feu, nous ne l'éteignons pas à l'aide de la pancarte indiquant l'emplacement du tuyau à incendie. La pancarte existe vraiment, mais elle ne sert qu'à indiquer où se trouve la réalité supérieure.

Nous pouvons trouver, sur l'autoroute, des panneaux qui nous confirment que nous sommes sur la bonne route. D'ailleurs, sans pancartes, nous n'aurions aucun moyen de savoir que nous sommes là où nous pensons être. Quand j'emprunte des routes qui me sont familières, je n'ai besoin d'aucun panneau. Par contre, j'en ai grand besoin lorsque je me rends dans un endroit où je ne suis jamais allé. Ainsi en est-il de l'action actuelle de Dieu. Nous sommes allés aussi loin que nous le pouvions avec notre compréhension actuelle de l'Écriture. Il est temps maintenant de donner aux pancartes, c'est-à-dire aux signes, leur juste place. Ils illustrent l'Écriture, tout en nous conduisant à Jésus, le Fils de Dieu. En même temps, ils viennent confirmer à des gens qui ont embrassé l'Évangile authentique qu'ils vont dans la bonne direction.

Aucun d'entre nous ne comprenait ce qu'était le salut avant d'être sauvé. C'est le miracle —l'expérience— qui nous l'a fait comprendre. Il en est de même avec les signes. Ils nous montrent la personne. Aujourd'hui, l'*expérience* nous aide à comprendre ces portions de l'Écriture qui nous étaient auparavant impossibles d'accès.[27]

Aucune personne sensée ne prétendrait comprendre tout ce qui est contenu dans la Bible. Cela n'empêche pas certaines personnes d'avoir peur quand on leur suggère que des choses nouvelles vont venir. Passez par-dessus cela, et vous ne raterez rien !

## Quels rapports devons-nous avoir avec le monde ?

Dans le prochain chapitre, nous verrons ce que nous devons vraiment au monde, et comment nous pouvons le lui donner.

## Notes

1. Cette rencontre doit inclure également d'autres choses. Par exemple : l'amour de Dieu doit se voir en nous, comme le caractère, etc. Le but de ce livre est cependant de remplir un fossé littéraire afin d'apporter une aide dans le besoin pressant du retour à un Évangile de puissance, tout autant que celui de l'amour et du caractère chrétien.

2. Hébreux 1.3.

3. Luc 5.8.

4. Jean 15.24.

5. Psaume 78.9-11.

6. Voir Josué 3.1-17.

7. Matthieu 11.20-24.

8. Nous reviendrons sur ce principe au chapitre 15, *Comment rater le réveil*.

9. Voir Jean 21.25.

10. Voir Marc 6.1-6.

11. Jean 2.11.

12. Jean 2.4-5.

13. Voir Luc 11.25.

14. Matthieu 9.8.

15. Psaume 103.22.

16. Psaume 145.10.

17. Psaume 145.4.

18. Psaume 78.4-8.

19. Jean 10.37-38.

20. Jean 10.36.

21. Actes 8.6.

22. Romains 15.18-19.

23. Jean 3.2.

24. Considérez Moïse (Exode 3.12), Josué (Josué 1.9) et Gédéon (Juges 6.12) pour une étude plus complète sur ce sujet.

25 Voir Actes 1.4.

26 Luc 24.49.

27 Les relations fortes et les possibilités de rendre compte nous aident à rester sains et à éviter d'être trompés.

# Notre dette envers le monde : une rencontre avec Dieu

## CHAPITRE 12

*L'onction du Saint-Esprit est sa présence réelle sur nous pour l'exercice du ministère. Le but de l'onction, c'est de rendre le surnaturel naturel.*

La promesse de Dieu «je serai avec toi», qui fait partie de son alliance, est toujours rattachée au besoin qu'a l'homme de trouver du courage pour affronter l'impossible. Il est certain que la présence de Dieu est ce qui nous apporte le réconfort et la paix. Mais cette présence a toujours été promise à ceux que Dieu a choisis, afin de leur donner de l'assurance quand ils doivent affronter des situations défavorables.

Voici le grand trésor de l'humanité. Il sera toujours avec nous. C'est cette révélation qui a rendu l'apôtre Paul capable de réaliser des exploits révolutionnaires. C'est ce qui a donné à un roi appelé David la force de risquer sa vie afin de transformer le système des sacrifices et de l'adoration de son temps. L'homme Moïse a eu besoin de cette assurance quand il a été envoyé vers Pharaon et ses magiciens possédés du démon. Tous ces hommes ont eu besoin d'une confiance incroyable afin de répondre à leur appel.

Josué a dû, quant à lui, prendre la place de Moïse, l'homme avec lequel Dieu parlait face à face. Un jour, Josué a dû se lever à son tour pour conduire Israël là où Moïse était incapable d'aller. La parole que Dieu lui a adressée alors était une parole d'encouragement et d'exhortation. Elle se terminait par cette promesse suprême : «Je suis avec toi».[1]

Gédéon s'est vu lui aussi confier une tâche en apparence impossible. Il était le plus petit de sa famille qui était elle-même la plus humble de sa tribu, laquelle était la plus petite en Israël. Et pourtant, c'est lui que Dieu avait choisi pour conduire Israël à la victoire contre les Madianites. Sa rencontre est l'une des plus intéressantes de toutes celles qui nous sont racontées dans la Bible. Bien des personnes craintives ont trouvé du réconfort dans *l'expérience renversante* de Gédéon. C'est par la promesse «je serai avec toi» que Dieu a déclenché cette transformation.

La grande mission d'évangélisation offre une lecture fort intéressante à tous ceux qui se rappellent à quel genre d'homme Dieu a confié cette mission : des hommes avides, orgueilleux, coléreux et égocentriques. C'est pourtant eux que Jésus a appelés à changer le monde. Quelle était la parole rassurante qu'il leur a adressée avant de disparaître de leur vue ? «Je suis avec vous tous les jours...»[2]

Nous savons que cette promesse concerne tous ceux qui invoquent le nom du Seigneur pour être sauvés. Mais pourquoi certains croyants avancent-ils avec une plus grande conscience de la présence de Dieu que les autres ? Certains attachent une grande importance à la présence de Dieu, et les autres non. Ceux qui jouissent, pendant la journée, d'une communion intime avec le Saint-Esprit sont tout à fait conscients de la manière dont Dieu voit leurs paroles, leurs attitudes et leurs activités. La seule pensée de l'attrister leur cause un grand chagrin. Ces gens sont passionnément attachés à la nécessité de lui donner la première place. Cette passion conduit le croyant dans une vie surnaturelle, dans laquelle le Saint-Esprit agit constamment en se servant d'eux.

# Enduits de Dieu

C'est par l'onction que la présence de Dieu se réalise. Rappelez-vous : oindre signifie *enduire*. L'onction signifie donc que Dieu nous couvre de la présence et nous remplit de sa puissance.

Quand nous marchons dans l'onction, des choses surnaturelles se produisent !

D'une manière générale, l'Église s'est réservée l'onction pour elle-même. Nombreux sont ceux qui n'ont pas compris pourquoi Dieu nous a couverts avec lui-même. Ils s'imaginent que c'est pour notre seule jouissance. Mais n'oublions pas que, dans le royaume de Dieu, nous ne finissons par garder que ce que nous donnons. Cette présence merveilleuse de Dieu doit être emportée dans le monde car, dans le cas contraire, notre efficacité diminuera. Nous quittera-t-il ? Non, mais la phrase suivante nous aidera peut-être à clarifier ce point : *Il est en moi pour mon bien, mais il est sur moi pour vous !*

Tout ministère doit être rempli de l'Esprit, mais il doit également inclure *un élément de rassemblement*. Jésus a dit : « Celui qui n'assemble pas avec moi disperse ».[3] Si notre ministère ne rassemble pas, il finira par diviser. Soit nous prenons ce que Dieu nous a donné et l'offrons au monde, soit ce que nous avons reçu engendrera la division. C'est l'idée que nous nous faisons du monde qui nous garde au centre de ses desseins.

L'onction nous rend capables de conduire le monde dans une rencontre avec Dieu. Cette rencontre, c'est ce que nous leur devons. C'est pour cette raison que chaque évangéliste qui se respecte devrait crier afin de recevoir une onction plus grande. Chaque croyant doit faire de même. Quand nous sommes enduits de Dieu, cela affecte tout ce avec quoi nous entrons en contact, et c'est cette onction qui brise les jougs des ténèbres.[4]

La manière la plus courante de comprendre notre besoin de l'onction concerne la prédication de la parole de Dieu ou la prière pour les malades. Ce sont là deux des manières les plus courantes de présenter cette rencontre aux gens. Ceci étant vrai, c'est la personne qui vit sous l'onction en permanence qui trouve les plus nombreuses occasions d'exercer le ministère.

Dans le temps, je fréquentais un magasin de produits diététiques. C'était le genre de magasins qui ont de la musique bizarre et de nombreux livres écrits par différents gourous et guides spirituels dirigeant des sectes. Je faisais mes courses là-bas parce que je m'étais engagé à apporter la lumière de Dieu dans les lieux sombres de la ville. Je voulais qu'ils remarquent le contraste existant entre ce qu'ils pensaient être la lumière et ce que cette dernière est vraiment. Avant d'entrer dans le magasin, je priais de manière précise que l'onction de Dieu repose sur moi et se répande par mon intermédiaire. Puis j'entrais et je parcourais les allées en priant tranquillement dans l'Esprit, demandant à Dieu de remplir le magasin. Un jour, le propriétaire s'est approché de moi et m'a dit: «Tout est différent chaque fois que vous entrez dans le magasin.» Ce jour-là, une porte s'ouvrit, m'offrant de nombreuses occasions d'exercer le ministère. L'onction qui reposait sur moi m'avait équipé pour le service.

## Ne sous-estimez pas cet outil

Jésus descendait ce jour-là une route encombrée de gens qui essayaient de s'approcher de lui de tous les côtés. Une femme parvint jusqu'à lui et toucha le bord de son vêtement. Jésus s'arrêta et demanda: «Qui m'a touché?» Les disciples étaient très étonnés d'une telle question parce que, pour eux, la réponse s'imposait de manière évidente: «Tout le monde!» Cependant, Jésus renchérit en disant qu'il avait senti une puissance (*dunamis*) sortir de lui. Il était oint du Saint-Esprit. Ce qui s'était passé, c'est que la puissance de l'Esprit de Dieu avait quitté son être et s'était répandu dans cette femme et l'avait guérie. L'onction habitait dans le corps de Jésus, tout comme dans chaque croyant. La foi de cette femme a posé ses exigences à l'onction qui était en Jésus. Elle a été guérie, parce que *l'onction brise le joug.*[5]

On cite souvent ce verset, au moment de recueillir l'offrande: «Vous avez reçu gratuitement, donnez gratuitement.»[6] Cependant, on oublie souvent le contexte de ce verset. Jésus se réfère ici au ministère du surnaturel. Écoutez cette implication: «J'ai reçu quelque chose que je dois donner!» De quoi s'agissait-il? Du Saint-Esprit. C'est le plus grand don que l'on puisse recevoir. Et il vit en moi.

Quand nous exerçons le ministère sous l'onction, nous donnons tout simplement la présence de Dieu. Nous la transmettons aux autres. Jésus a ensuite enseigné aux disciples ce que signifie le fait de *donner aux autres*. Cela comprenait les choses les plus évidentes, telles que la guérison des malades, l'expulsion des démons, etc. Mais cela incluait également un aspect que l'on oublie trop souvent: «Quand vous entrez dans une maison... que votre paix vienne sur elle.» Dans de tels cas, nous pouvons vraiment transmettre sa présence. C'est ainsi que nous amenons les perdus à une vraie rencontre avec Dieu. Nous apprenons à reconnaître sa présence, nous associer à sa passion pour les gens et à les inviter à recevoir *le salut*.[7]

Il a fait de nous les intendants de la présence de Dieu. Ce n'est pas comme si nous pouvions manipuler et utiliser sa présence pour atteindre nos propres objectifs religieux. C'est le Saint-Esprit qui nous conduit, c'est pourquoi nous devenons co-ouvriers avec Christ. C'est à partir de cette position que nous l'invitons à envahir les circonstances qui se présentent devant nous.

Les moyens les plus évidents consistent à prêcher et prier pour les besoins spécifiques des gens. Ne sous-estimez pas cet outil important. Quand nous cherchons des occasions de servir, nous donnons au Saint-Esprit la possibilité de faire ce que lui seul peut faire: des miracles. Tous ceux pour qui je prie ne sont pas guéris. Je n'en ai même pas vu mille repartir guéris. Mais il y en a beaucoup plus qui le sont que si je n'avais prié pour personne!

Donnez à Dieu la chance de faire ce que lui seul peut faire. Il cherche des gens qui acceptent d'être *enduits* de lui, des gens qui laisseront sa présence affecter les autres pour leur bien. Un prédicateur de passage m'a dit récemment: «La différence entre toi et moi est la suivante: si je prie pour un mort et qu'il ne ressuscite pas, je prie aussi pour le prochain. Je ne laisse pas tomber!»

Jésus a dit: «Si je ne fais pas les œuvres de mon Père, ne me croyez pas!»[8] Les œuvres du Père, ce sont les miracles. Le Fils de Dieu lui-même a dit que c'était le miraculeux qui validait son ministère sur terre. C'est dans ce contexte qu'il a dit: «Celui qui croit en moi fera, lui aussi, les œuvres que moi je fais, et il en fera de plus grandes, parce que je m'en vais vers le Père.»[9] Le miraculeux est une partie importante du plan de Dieu pour ce monde. Et il doit se manifester par l'intermédiaire de l'Église.

J'attends avec impatience le jour où l'Église se lèvera et dira: «Ne nous croyez pas si nous ne faisons pas les œuvres que Jésus a faites!» La Bible dit que nous devons «aspirer aux dons spirituels»[10], et que ces dons nous *affermiront*.[11] Lesquels? Tous.

## Faire entrer le ciel en nous

Je dois au monde une vie remplie de l'Esprit, car je lui dois une rencontre avec Dieu. Sans la plénitude du Saint-Esprit en moi et sur moi, je n'offre pas à Dieu un vase consacré et par lequel il peut couler.

La plénitude de l'Esprit était le but de Dieu pendant tout le temps de la loi et des prophètes. Le salut, c'était le but immédiat, mais le but suprême sur terre, c'était la plénitude de l'Esprit pour le croyant. Le fait que nous atteignions le ciel n'est pas un défi aussi important à relever que le fait de voir le ciel entrer en nous. Et cela ne peut se faire que par *la plénitude de l'Esprit* en nous.

## La révélation de Jacob

Jacob, patriarche de l'Ancien Testament, dormait en plein-air quand il a fait un rêve qui contenait l'une des plus grandes révélations qu'un homme ait eues. Il a vu le ciel ouvert et une échelle qui descendait jusqu'à la terre. Des anges montaient et descendaient sur l'échelle. Il eut peur et dit: «Certainement l'Éternel est présent dans cet endroit, et moi, je ne le savais pas.»[12] Cette déclaration décrit une grande partie de ce que nous voyons dans les réveils des dernières années: Dieu est présent, mais beaucoup demeurent inconscients de sa présence.

J'ai vu Dieu toucher des milliers de gens dans cette effusion récente. J'ai vu des conversions, des guérisons, des mariages restaurés, des accoutumances brisées et des démons chassés. La liste des vies transformées est glorieusement longue, et elle s'accroît tous les jours. Mais malgré toutes ces vies changées, il y a aussi ceux qui, ayant assisté aux mêmes réunions, peuvent difficilement attendre la fin pour sortir. Une personne reconnaît la présence de Dieu et est changée pour toujours, tandis que l'autre n'a jamais pris conscience de ce qui aurait pu lui arriver.

## Jésus, le tabernacle de Dieu

Le rêve de Jacob nous présente la première mention de *la maison de Dieu* dans l'Écriture. Cette maison contenait *sa présence, la porte des cieux, une échelle, et des anges qui montaient et descendaient entre le ciel et la terre.*

Jésus parle de la révélation de Jacob concernant la maison de Dieu sur la terre, mais d'une manière qui est complètement inattendue. Jean 1.14 dit: «La Parole a été faite chair et elle a habité parmi nous.» Le verbe *a habité* signifie littéralement «a "tabernaclé" ou dressé son tabernacle». Jésus est présenté ici comme *le tabernacle de Dieu sur la terre.* Un peu plus loin, dans ce même chapitre, Jésus dit que ses disciples verraient «les anges de Dieu monter et descendre sur le Fils de l'homme».[13] Les détails de la révélation de la maison de Dieu que nous trouvons en Genèse 28 se voient dans la personne de Jésus. Il s'agit donc d'une illustration de la révélation de Jacob.

## Jésus a passé le relais

Si nous voulons devenir tout ce que Dieu a voulu, nous devons nous rappeler que la vie de Jésus a été un modèle de ce que l'humanité pourrait devenir si elle vivait dans une juste relation avec le Père. Grâce à l'effusion du sang de Jésus, il devenait désormais possible pour tous ceux qui croiraient en son nom de faire comme lui et de devenir ce qu'il a été. Cela signifie que chaque vrai croyant pourrait ainsi avoir accès au même style de vie que Jésus a démontré.

Jésus est venu en tant que lumière du monde. Il nous a ensuite passé le bâton, en nous disant que nous sommes la lumière du monde. Jésus est venu en faisant des miracles. Il a dit ensuite que nous ferions «des œuvres plus grandes» que lui.[14] Il a dit aussi, à la surprise générale, que «l'Esprit de vérité... demeure près de vous et... sera en vous».[15] Jésus illustre pour nous ce qui devient possible pour ceux qui sont *en règle avec Dieu*, et il dit maintenant que ses enfants doivent être le tabernacle de Dieu sur la terre. Paul proclame cette révélation par des déclarations telles que: «ne savez-vous pas que vous êtes le temple de Dieu?»[16] ou bien «...vous êtes édifiés ensemble pour être une habitation de Dieu en Esprit».[17]

Comment la maison de Dieu a-t-elle été révélée, la toute première fois? On y trouvait la présence de Dieu, la porte des cieux, et une échelle sur laquelle des anges montaient et descendaient. Pourquoi est-ce si important à comprendre? Cette révélation nous montre les ressources qui sont à notre disposition pour accomplir le plan du Maître.

Frank DaMazio, de l'église City Bible, à Portland (Oregon, U.S.A.), a un enseignement très puissant à propos de ce principe et de l'église locale. Il parle d'«églises de la porte.» Le principe parle des intendants du domaine céleste et dépasse la seule tâche confiée à un individu. Il est le privilège de l'ensemble de l'Église pour le bien de sa ville entière.

## Des anges chargés de mission

Les anges sont des êtres impressionnants. Ils sont glorieux et puissants. C'est au point que lorsqu'ils se montraient, aux temps bibliques, les gens se prosternaient souvent devant eux pour les adorer. S'il est insensé de les adorer, il est tout aussi insensé de les ignorer. Les anges ont pour mission de servir partout où nous servons nous-mêmes, si *l'élément surnaturel est nécessaire*. «Ne sont-ils pas tous des esprits au service (de Dieu), envoyés pour exercer un ministère en faveur de ceux qui doivent hériter du salut?»[18]

Je crois que les anges s'ennuient depuis longtemps, pour la seule et unique raison que notre style de vie actuel rend leur aide inutile. Leur tâche consiste à nous assister dans des entreprises surnaturelles. Si nous ne prenons pas de risque, nous ne laissons pas beaucoup de place au surnaturel. Pour trouver des solutions afin de sortir des situations impossibles, il faut prendre des risques. Quand l'Église retrouvera son appétit pour l'impossible, les anges verront leurs activités se développer parmi les hommes. Au fur et à mesure que les feux du réveil s'intensifient, les activités surnaturelles se multiplient autour de nous. Si les anges ont pour tâche de nous aider dans les entreprises à caractère surnaturel, le surnaturel doit être nécessaire. Pour trouver des solutions afin de sortir des situations impossibles, il faut prendre des risques. John Wimber a dit : «Le mot foi s'épelle R-I-S-Q-U-E.» Si nous avons vraiment soif de Dieu, nous devons changer de style de vie afin que sa présence se manifeste davantage sur nous. En agissant ainsi, nous ne cherchons pas à manipuler Dieu. Il s'agit plutôt d'une tentative audacieuse de le prendre au mot, de manière à ce qu'il puisse dire «amen» au miraculeux, tandis que nous obéissons radicalement à son ordre. Je vous lance ce défi : «Recherchez Dieu avec passion !» Et dans votre recherche, adoptez à tout prix un style de vie surnaturel, qui donne beaucoup d'occupation aux habitants du ciel, et fassent la promotion du Roi et de son royaume !

## Ne commandez pas aux anges

Si Dieu a voulu que les anges nous aident à assumer nos responsabilités, je n'adopte jamais l'attitude qui consiste à donner des ordres aux anges. Certains croient pouvoir prendre une telle liberté. Je crois, pour ma part, qu'il s'agit d'un comportement dangereux. Nous avons des raisons de croire que c'est Dieu et Dieu seul qui peut leur donner des ordres, en réponse à nos prières.

Daniel avait besoin d'une réponse de la part de Dieu. Il pria pendant 21 jours. Un ange lui apparaît finalement avec sa réponse. Il dit à Daniel : «Daniel, sois sans crainte ; car dès le premier jour où tu as eu à cœur de comprendre et de t'humilier devant ton Dieu, tes paroles ont été entendues, et c'est à cause de tes paroles que je suis venu. Le chef du royaume de Perse m'a résisté vingt-et-un jours ; mais voici que Michel, l'un des principaux chefs, est venu à mon secours, et je suis demeuré là auprès des rois de Perse».[20] Quand

Daniel pria, Dieu répondit en envoyant un ange avec la réponse. L'ange se précipita pour interférer. Daniel continua à prier, ce qui semble avoir contribué à l'envoi de l'archange Michel pour lutter et libérer le premier ange pour qu'il délivre son message.

En de nombreuses autres occasions, des anges sont venus en réponse aux prières des saints. Chaque fois, ils ont été envoyés en service par le Père. Je crois qu'il vaut mieux prier beaucoup et laisser Dieu commander ses anges.

## L'entrée dans la zone crépusculaire

Dans mes voyages, j'ai l'occasion de me rendre dans de nombreuses villes qui, d'un point de vue spirituel, sont dans l'obscurité la plus profonde. Quand vous entrez dans de telles villes, vous pouvez ressentir l'oppression qui y règne. Si je considère ce que je représente pour une telle ville, il serait erroné pour moi d'insister trop sur cet aspect des choses. Je ne voudrais jamais me laisser impressionner par l'œuvre du diable. Je vais dans ces villes en tant que *maison de Dieu*. En tant que tel, j'ai une porte qui donne accès au ciel, ainsi qu'une échelle qui permet des activités angéliques selon le besoin du moment. En termes plus simples, je suis un ciel ouvert! Cela ne s'applique pas à quelques personnes seulement. Bien au contraire, cette révélation concerne la maison de Dieu et les principes de la maison s'appliquent à tous les croyants. Mais peu d'entre eux réalisent ou utilisent cette bénédiction *potentielle*. Le ciel étant ouvert, je deviens un instrument dans la main de Dieu pour libérer les ressources du ciel et remédier aux calamités qui frappent l'humanité. Les anges sont chargés d'accomplir la volonté de Dieu. «Bénissez l'Éternel, vous ses anges, qui êtes puissants en force et qui exécutez sa parole, en obéissant à la voix de sa parole.»[21] Il est plus avide d'envahir ce monde que nous ne le sommes d'accepter cette invasion. Et les anges jouent un rôle intégral.

Ils obéissent à ses commandements et exécutent sa parole. Mais *la voix de sa parole* est entendue quand le Père parle aux cœurs de ses enfants. Les anges attendent donc que le peuple de Dieu proclame sa parole. Je crois que les anges recueillent le parfum de la salle du trône à travers la parole que prononcent les enfants de Dieu. Ils peuvent préciser quand une parole a son origine dans le cœur de Dieu. En retour, ils reconnaissent que cette parole devient leur tâche.

J'ai vu cela arriver récemment lors d'une réunion en Allemagne. Avant la réunion, je priais avec quelques leaders qui avaient sponsorisé l'événement. Tandis que nous priions, j'ai vu une femme assise à ma droite et qui souffrait d'arthrite à la colonne vertébrale. Il s'est agi d'une image furtive et mentale, qui était l'équivalent visuel du *son doux et subtil*, aussi difficile à rater qu'à entendre. Dans cette image, je la faisais se lever et je proclamais sur elle: «Le Seigneur Jésus te guérit!»

Quand ce fut l'heure de la réunion, j'ai demandé s'il y avait une personne qui souffrait d'arthrite dans la colonne vertébrale. Une femme, qui se trouvait sur ma droite, a alors levé la main. Je l'ai fait lever et j'ai proclamé sur elle: «Le Seigneur Jésus te guérit!» Je lui ai demandé ensuite où elle avait mal.

Elle a commencé à pleurer et m'a dit: «C'est impossible, je n'ai plus mal!» Les anges avaient exécuté une parole qui avait son origine dans le cœur du Père. Mais pour ce moment-là, j'étais *la voix de sa parole*.

## Dieu procède par délégation

Quand Dieu a choisi de faire venir le Messie par l'intermédiaire de la vierge Marie, il a envoyé l'ange Gabriel pour porter ce message. Quand l'apôtre Paul était sur le point de faire naufrage, un ange du Seigneur lui a annoncé ce qui allait arriver. En de nombreuses occasions, à travers les Écritures, on voit des anges faire ce que Dieu aurait pu très facilement accomplir lui-même. Mais pourquoi n'a-t-il pas fait lui-même ces choses? Pour la même raison que celle pour laquelle il ne prêche pas l'Évangile: il a choisi de permettre à sa création de jouir du privilège de le servir dans son royaume. Le service selon un dessein affirme l'identité. Toute estime de soi de nature spirituelle tire son origine d'une vie qui plaît à Dieu. Et le vrai service est un débordement d'adoration.[22]

## Quand Dieu colorie en dépassant les lignes

Son monde a fait régulièrement irruption dans le nôtre avec des conversions, des guérisons et des délivrances. Les manifestations de cette invasion varient entre elles. Elles sont plutôt fascinantes, et trop nombreuses pour être répertoriées. Si certaines sont difficiles à comprendre à première vue, nous savons que Dieu travaille toujours de manière rédemptrice.

En de nombreuses occasions, le rire a rempli une pièce, apportant la guérison à des cœurs brisés. Parfois, c'est la poussière d'or qui couvre le visage ou les mains des gens, ou encore leurs vêtements, pendant l'adoration ou l'exercice du ministère. En d'autres circonstances, on voit de l'huile apparaître sur les mains du peuple de Dieu, et cela se vérifie de manière particulière chez les enfants. On a vu aussi le vent se manifester dans une pièce où aucune fenêtre et aucune porte n'était ouverte. En d'autres lieux, des croyants ont vu un nuage réel de la présence de Dieu se manifester au-dessus de la tête des chrétiens pendant qu'ils adoraient le Seigneur. On a connu également un exemple où le parfum du ciel a rempli une pièce. J'ai moi-même fait une telle expérience: le parfum céleste a rempli notre voiture tandis que Béni et moi, nous adorions Dieu lors d'un court voyage. Cela a duré pendant près de trente minutes, et je pouvais réellement sentir l'odeur, telle des granules de sucre qui étaient éparpillées sur ma langue. J'ai vu les petites pierres précieuses qui apparaissaient soudain sur les mains des gens pendant qu'ils adoraient Dieu. Depuis le début de l'année 1998, nous voyons des feuilles tomber du plafond lors de nos réunions. Au début, j'ai cru que des oiseaux s'étaient infiltrés dans nos conduites d'air conditionné. Mais par la suite, le même phénomène s'est vérifié dans d'autres pièces de l'église où il n'y avait pas d'air conditionné. Elles tombent maintenant presque partout où nous allons: dans les aéroports, dans les maisons, dans les restaurants, dans les bureaux, etc.

Je mentionne ce phénomène parce qu'il semble choquer la plupart de ceux qui embrassent ce mouvement de Dieu. Jerrel

Miller, éditeur du journal *The Remnant,* un magazine dont le but est de répertorier les événements qui ont trait au réveil, a connu quelques ennuis quand il a raconté cette manifestation inhabituelle. Ceux qui ont critiqué son rapport participent à ce réveil. Il est facile, une fois que l'on a fait quelques ajustements dans son système de croyances à propos de ce que Dieu peut faire et fera, de penser que l'on a une ouverture d'esprit suffisante. «Nos croyances incluent maintenant l'action de Dieu.» Rien ne peut être si éloigné de la vérité. À l'instar des générations qui nous ont précédés, ceux qui agissent ainsi prennent le risque dangereux de vouloir encadrer l'œuvre de Dieu en élaborant *une nouvelle liste révisée des manifestations acceptables.* Les larmes pendant un cantique particulier ou un temps de repentance à la suite d'un sermon bouleversant ne sont plus «à la mode». Notre nouvelle liste inclut le fait de tomber, d'être secoué, de rire, etc. Le vrai problème, c'est qu'il y a toujours une liste. Et Dieu va la faire voler en éclats. Il le doit, d'ailleurs. Nous devons apprendre en effet à reconnaître son action en reconnaissant sa présence. Nos listes ne peuvent servir qu'à révéler notre compréhension ou notre expérience actuelle. Je ne cherche pas à promouvoir d'étranges manifestations, ou à courir après *les nouveautés,* mais je refuse cependant d'être embarrassé par ce que Dieu fait. La liste qui nous préserve contre certains types d'erreurs nous préserve également contre certains types de victoires.

## Refuser d'être embarrassés par Dieu

Ses manifestations, si elles semblent offenser l'esprit de beaucoup, sont infinies en nombre, et elles ne constituent que de simples indicateurs de la présence et du dessein de Dieu. Pourquoi sont-elles nécessaires? Parce qu'il veut nous conduire plus loin, et nous ne pouvons y parvenir qu'en suivant des signes. Notre compréhension actuelle de l'Écriture ne peut pas nous conduire plus loin.

Rappelez-vous ceci: les signes sont des réalités qui parlent d'une réalité supérieure. S'il nous donne des signes, qui sommes-nous pour dire qu'ils n'ont aucune importance ? Un grand nombre réagissent à cette position parce qu'ils ont peur de *l'adoration des signes*. Si leur raisonnement peut paraître posséder une intention noble, il est absurde de penser que je peux assumer la tâche que Dieu m'a confiée et ignorer *les notes personnelles* de Dieu en route. Dans la vie de tous les jours, nous utilisons des signaux pour trouver notre route, un restaurant particulier ou un commerce. Cela se révèle pratique. De même, les signes et les prodiges constituent un élément naturel du royaume de Dieu. C'est le moyen le plus normal qui nous fait passer de l'endroit où nous sommes à l'endroit où nous avons besoin d'être. Tel est leur dessein. Si les mages n'avaient pas suivi l'étoile, ils se seraient contentés de lire les expériences des autres. Moi non. Il y a une différence entre *l'adoration des signes* et *les signes qui accompagnent*. La première est interdite, les seconds sont essentiels. Quand nous suivons ses signes jusque dans les grandes profondeurs de Dieu, ses signes nous suivent davantage pour le bien de l'humanité.

## Connaître le Dieu de puissance

Chaque fois que je prêche sur la recherche de l'Évangile de puissance, quelqu'un prend la parole après mon message pour affirmer notre besoin de puissance, mais rappelle à chacun que la priorité, c'est de connaître *le Dieu de puissance*. C'est une grande vérité. La puissance n'apporte que peu de plaisir s'il n'y a pas de relation intime avec Dieu. Cependant, ce commentaire semble de nature religieuse. En effet, celui qui a une véritable passion pour la puissance et la gloire de Dieu intimide ceux qui n'en ont pas. Seul mon désir pour Dieu surpasse ma faim de sa puissance. C'est ma recherche de Dieu qui m'a conduit à cette passion pour un Évangile authentique.

Il m'est arrivé quelque chose, et cela m'empêche d'accepter un Évangile qui n'est pas appuyé par des signes et des prodiges. Est-ce parce que j'ai eu la révélation des miracles sur la terre ? Non ! Cela s'est emparé de moi. J'ai découvert qu'il n'y a pas de satisfaction durable dans la vie en dehors des expressions de la foi.

## Le voir tel qu'il est

Le prochain chapitre va nous présenter une parcelle de la vérité qui est particulièrement étonnante, et qui a trait à ce que signifie le fait d'être comme Jésus.

## Notes

1. Josué 1.5-9.
2. Voir Matthieu 28.19-21.
3. Luc 11.23.
4. Ésaïe 10.27.
5. Ésaïe 10.27.
6. Matthieu 10.8.
7. Le salut (grec : *sozo*) : salut, guérison et délivrance.
8. Jean 10.37.
9. Jean 14.12.
10. Voir 1 Corinthiens 14.1.
11. Romains 1.11.
12. Voir Genèse 28.16.
13. Jean 1.51.
14. Jean 14.12.
15. Voir Jean 14.17, paraphrase personnelle.
16. 1 Corinthiens 3.16.
17. Voir Éphésiens 2.22.
18. Hébreux 1.14.
19. Marc 16.20.
20. Daniel 10.12-13.
21. Psaume 103.20.
22. Souvenez-vous que l'on devient toujours comme celui que l'on adore. Comment pourrait-il vouloir plus pour nous que cela ?

# Notre identité
# dans ce monde

## CHAPITRE 13

*Alors qu'une grande partie de l'Église essaie toujours
de devenir comme Jésus, la Bible déclare: «Tel il est lui,
tels nous sommes aussi dans ce monde».*[1]

Jésus a été le serviteur qui souffre, appelé à aller jusqu'à la croix. Mais Jésus est triomphalement ressuscité, remonté au ciel et glorifié. Dans son Apocalypse, Jean l'a décrit de cette manière. «Sa tête et ses cheveux étaient blancs comme la laine blanche, comme la neige. Ses yeux étaient comme une flamme de feu, ses pieds étaient comme du bronze qui semblait rougi au four, et sa voix était comme la voix des grandes eaux.»[2]

Le «tel il est, tels nous sommes» dépasse de loin tout ce que nous aurions pu imaginer. Surtout à la lumière de la description glorifiée de Jésus dans le premier chapitre de l'Apocalypse. Il reste que le Saint-Esprit a été envoyé dans un but précis qui est que nous puissions atteindre «la mesure de la stature parfaite de Christ».[3]

Le Saint-Esprit est venu avec la tâche suprême, au meilleur moment. Pendant le ministère de Jésus, il a été écrit: «L'Esprit n'était pas encore donné, parce que Jésus n'avait pas encore été glorifié.»[4] Le Saint-Esprit nous réconforte, nous donne des dons, nous rappelle ce que Jésus a dit, et nous revêt de puissance. Mais s'il fait tout cela, c'est pour *nous faire ressembler à Jésus*. C'est sa mission première. Dans ce cas, pourquoi le Père ne l'a-t-il pas envoyé jusqu'à ce que Jésus soit glorifié? Tout simplement parce que si Jésus n'avait pas été glorifié, il n'y aurait pas eu de modèle céleste de ce que nous devions devenir! De même que le sculpteur regarde son modèle et façonne l'argile à sa ressemblance, de même le Saint-Esprit regarde le Fils glorifié et nous façonne à son image. *Tel il est, tels nous sommes dans ce monde.*

## La vie chrétienne

On ne trouve pas la vie chrétienne sur la croix. On la trouve *à cause de* la croix. C'est la puissance de sa résurrection qui donne au croyant son énergie. Cela diminue-t-il la valeur de la croix? Non. Le sang versé par l'Agneau sans tache a annulé la puissance et la présence du péché dans notre vie. NOUS N'AVONS RIEN SANS LA CROIX. Cependant, la croix n'est pas la fin en soi. Elle n'est que le début, l'entrée dans la vie chrétienne. Même pour Jésus, il fallait d'abord endurer la croix pour obtenir la joie, de l'autre côté![5] *La grande majorité du monde chrétien dort toujours au pied de la croix. La conscience de l'humanité demeure fixée au Christ qui est mort, et non au Christ qui vit. Les gens regardent en arrière vers le Rédempteur qui était, et non vers le Rédempteur qui est.*[6]

Imaginez qu'on m'ait remis une dette. On pourrait dire dans ce cas que l'on m'a *sorti du rouge*. Cependant, une fois mes dettes payées, je ne serai pas automatiquement *bénéficiaire*. Je n'aurai rien, à moins que celui qui a payé ma dette ne me donne de l'argent qui soit mien. C'est ce que Christ a fait pour vous et pour moi. Son sang a effacé la dette de mon péché. Mais c'est sa résurrection qui m'a fait *devenir bénéficiaire*.[7]

En quoi est-ce important? *En ce sens que cela change profondément le sens de notre identité et notre dessein.*

Jésus est devenu pauvre afin que je puisse devenir riche. Par ses meurtrissures, il m'a libéré de l'affliction, et il s'est fait péché pour que je puisse devenir la justice de Dieu.[8] Pourquoi donc devrais-je devenir *tel qu'il est,* s'il a souffert afin que je puisse devenir *comme lui?* Il faut que d'une manière ou d'une autre, la réalité de la résurrection entre dans nos vies: nous devons découvrir la puissance de la résurrection pour tous ceux qui croient.[9]

## La croix contrefaite

Jésus a dit: «Si quelqu'un veut venir après moi, qu'il renonce à lui-même, qu'il se charge de sa croix et qu'il me suive.»[10] Parce qu'ils ont mal compris cet appel, un grand nombre de disciples ont imité son modèle de renoncement à soi-même, mais se sont arrêtés avant de connaître la vie de puissance. À leurs yeux, la marche sous la croix sous-entend qu'il faut essayer de crucifier la nature du péché en embrassant le brisement austère comme une preuve de la croix. Nous devons au contraire *le suivre jusqu'au bout,* dans un style de vie rendu puissant par la résurrection.

La plupart des autres religions possèdent une copie de *la marche sous la croix.* Le renoncement à soi-même, l'abaissement de soi-même, et les choses semblables sont tous copiés trop facilement par les sectes de ce monde. Les gens admirent ceux qui pratiquent une discipline religieuse. Ils applaudissent au jeûne et respectent ceux qui font vœu de pauvreté ou qui endurent la maladie pour acquérir une spiritualité personnelle. Mais montrez-leur une vie remplie de joie à cause de la puissance transformatrice de Dieu, et ils voudront non seulement vous applaudir mais également devenir comme vous. La religion est incapable d'imiter la vie de résurrection avec sa victoire sur la péché et l'enfer.

Celui qui embrasse une croix inférieure est constamment enclin à l'introspection et à la souffrance que l'on s'inflige. Mais on ne s'applique pas la croix à soi-même. Jésus ne s'est pas cloué lui-même à la croix. Les chrétiens qui sont piégés par cette contrefaçon parlent constamment de leurs faiblesses. Si le diable voit que nous ne nous intéressons pas au mal, il essaiera de nous pousser à nous concentrer sur notre indignité et notre incapacité. On remarque cela en particulier dans les réunions de prière où les gens s'efforcent de manifester le brisement de leur cœur, espérant mériter ainsi le réveil. Souvent, ils confessent de nouveau d'anciens péchés, en quête d'une vraie humilité.

Dans ma propre recherche de Dieu, je me suis souvent préoccupé de MOI! Il était facile de penser que le fait d'être constamment conscient de mes fautes et de mes faiblesses était de l'humilité. Mais il n'en est rien! Si je suis devenu le sujet central, et que je parle sans cesse de mes faiblesses, c'est que je suis entré dans la forme la plus subtile de l'orgueil. Si je répète tout le temps «je suis indigne», cela devient un substitut écœurant des affirmations de la dignité de Dieu. En m'*entichant* de ma propre justice, l'ennemi m'a détaché du service effectif. On est en présence d'une perversion de la vraie sainteté quand l'introspection fait croître mon estime de moi, mais que mon efficacité dans la manifestation de la puissance de l'Évangile diminue.

Le vrai brisement entraîne une dépendance totale vis-à-vis de Dieu, qui nous conduit vers une obéissance radicale qui libère la puissance de l'Évangile dans le monde qui nous entoure.

## Des motifs impurs

J'ai lutté pendant des années avec l'évaluation de moi-même. Le vrai problème, c'est que je n'ai jamais trouvé rien de bon en moi. Cela me conduisait toujours au découragement, qui lui-même conduisait au doute, et cela m'amenait finalement à l'incrédulité. D'une manière ou d'une autre, j'avais acquis la notion que c'était ainsi que je pourrais devenir saint: en me montrant particulièrement concerné par mes propres motifs.

Aussi étrange que cela puisse paraître, je n'examine plus mes propres motifs. Ce n'est pas mon affaire. Je travaille dur pour obéir à Dieu en tout ce que je suis et ce que je fais. Si je suis *à côté de la plaque* sur une question ou une autre, c'est à lui de me montrer cela. Après avoir essayé pendant de nombreuses années de faire ce que lui seul peut faire, j'ai découvert que je n'étais pas le Saint-Esprit. Je ne peux pas me convaincre et me délivrer moi-même du péché. Cela signifie-t-il que je ne m'occupe jamais des motifs impurs? Non. Il a montré qu'il désirait vraiment me faire prendre conscience de mon besoin constant de repentance et de changement. Mais c'est lui qui contrôle le projecteur, et lui seul peut accorder la grâce de changer.

Il y a une différence essentielle entre le croyant dont Dieu s'occupe, et celui qui est devenu introspectif. Quand Dieu sonde le cœur, il trouve en nous certaines choses, et il veut les changer. Il apporte une conviction, parce qu'il s'est engagé à nous délivrer. Une telle révélation m'a conduit à prier de la manière suivante :

> *Père, tu sais que je ne m'en sors pas très bien quand je regarde en moi, c'est pourquoi je vais arrêter. Je compte sur toi pour que tu m'indiques les choses que j'ai besoin de voir. Je promets de demeurer dans ta parole. Tu as dit toi-même que ta parole était comme une épée. Utilise-la s'il te plaît pour me couper en profondeur. Expose les choses qui, en moi, ne te plaisent pas. Mais en le faisant, donne-moi également la grâce de les oublier. Je te promets également de venir à toi tous les jours. Ta présence est comme un feu. Brûle donc toutes les choses qui, en moi, ne te plaisent pas. Fais fondre mon cœur jusqu'à ce qu'il devienne comme le cœur de Jésus. Aie compassion de moi, dans ces choses. Je promets également de rester dans la communion de ton peuple. Tu as dit que le fer aiguise le fer. Je m'attends à ce que tu oignes « les blessures d'un ami » pour me ramener à une plus grande lucidité quand je fais preuve de résistance à ton égard. Utilise, s'il te plaît, ces outils pour façonner ma vie jusqu'à ce que seul, Jésus soit vu en moi. Je crois que tu m'as donné ton cœur et ta pensée. Par ta grâce, je suis une nouvelle création. Je veux que cette réalité soit vue afin que le nom de Jésus soit entouré d'un grand honneur.*

## Mener la contre-attaque contre les contrefaçons

Je crois que, pour l'essentiel, cette marche de la croix contrefaite est embrassée par certains parce qu'elle n'exige aucune foi. Il m'est facile de voir mes faiblesses, ma tendance au péché, et mon incapacité à devenir comme Jésus. La seule confession de cette vérité n'exige absolument aucun foi. À l'inverse, pour faire comme Paul a ordonné de le faire en Romains 6.13, c'est-à-dire me considérer comme étant mort au péché, je dois croire en Dieu !

C'est pourquoi, quand vous vous trouvez dans votre état le plus faible, dites : « JE SUIS FORT ! » Soyez d'accord quoi que ce soit que vous ressentiez, et découvrez ainsi la puissance de la résurrection. Sans la foi, il est impossible de lui plaire. Le premier endroit où la foi veut être exercée, c'est dans notre position vis-à-vis de Dieu.

Quand Dieu a confié à Moïse une noble tâche, Moïse lui a répondu : « Qui suis-je ? » Dieu a changé de sujet, en lui disant : « Je serai certainement avec toi. » Quand nous fixons nos regards sur nos lacunes, le Père essaie de changer de sujet, et de passer à quelque chose qui nous conduise à la source et à la fondation de la foi, c'est-à-dire lui-même. Le *noble appel* révèle toujours la noblesse de *celui qui appelle*.

Sans Christ, nous sommes indignes. Il est vrai aussi que, sans lui, nous ne sommes rien. Mais je ne suis pas sans lui, et je ne le serai jamais ! À quel moment commençons-nous à penser à la valeur que nous avons à ses yeux ? S'il est vrai que la valeur d'une chose se mesure par ce que quelqu'un d'autre proposera de payer, nous devons repenser notre valeur. Nous arrive-t-il de reconnaître ce que nous sommes devant lui ? Ne me comprenez pas mal. Je n'encourage pas l'arrogance ou la suffisance. Mais ne serait-il pas plus honoré si nous croyions qu'il a fait un excellent travail en nous sauvant, et que nous sommes vraiment sauvés ? Jésus a payé le prix suprême pour nous permettre de vivre un changement d'identité. Ne serait-il pas temps que nous le croyions et que nous en recevions les bénéfices ? Si nous ne le faisons pas, nous perdrons confiance devant le monde, au cours de ces jours qui sont les derniers. La hardiesse dont nous avons besoin n'est pas de la confiance en soi. C'est plutôt la foi que le Père a dans l'œuvre que son Fils a accomplie en nous. Ce n'est plus une question de ciel et d'enfer. La seule question est de savoir combien de la pensée de l'enfer je vais laisser entrer dans ma pensée céleste.

Dieu n'est-il pas honoré quand ses enfants ne se voient plus seulement comme *des pécheurs sauvés par grâce*, mais dorénavant comme *des héritiers de Dieu* ? N'est-ce pas une grande forme d'humilité que de le croire quand il dit que nous avons une grande valeur à ses yeux, alors que nous pensons n'avoir aucune valeur ? N'est-il pas honoré davantage quand nous nous voyons libérés du péché parce qu'il a dit que nous l'étions ? À un moment ou à un autre, nous devons nous montrer dignes du noble appel de Dieu et arrêter de dire sur nous-mêmes des choses qui ne sont plus vraies. Si nous voulons entrer pleinement dans ce que Dieu a en réserve pour nous, dans ces jours de réveil, nous devrons enfin aborder la question de notre identité, à savoir que nous sommes plus que de *simples pécheurs sauvés par Christ*. La maturité vient de la foi dans la perfection de l'œuvre rédemptrice de Dieu qui nous établit comme fils et filles du Très-Haut.

## Devenir comme lui

*Tel il est lui, tels nous sommes aussi dans ce monde.* La révélation de Jésus dans sa nature glorifiée possède au moins quatre caractéristiques dominantes qui affectent directement la future transformation de l'Église. Ces caractéristiques doivent être acceptées comme faisant partie du plan de Dieu pour ces derniers temps.

**La gloire :** c'est la présence manifeste de Jésus. L'histoire du réveil est riche d'exemples de sa présence évidente sur son peuple. Il vit dans tous les croyants, mais la gloire de sa présence ne vient reposer que sur quelques-uns. On ne la voit que de temps en temps, mais on la ressent souvent. Il revient pour chercher une Église glorieuse. Il ne s'agit pas d'une option.

Les langues de feu sont apparues au-dessus des apôtres, le jour de la Pentecôte. Plus récemment, on a vu briller le feu au sommet de certaines églises, lorsque le peuple de Dieu s'y est rassemblé en son nom. Lors du réveil d'Azuza Street, les pompiers ont été appelés pour éteindre un incendie, mais à leur arrivée, ils n'ont trouvé que des gens qui adoraient Jésus. L'eau ne pouvait rien faire, car ce n'était pas un feu naturel. Toutes les puissances de l'enfer ne peuvent l'éteindre. Les seuls à être capables d'une telle chose sont ceux à qui ce feu a été confié. Des croyants bien intentionnés essaient souvent de contrôler de tels feux afin de les cadrer, pensant qu'en agissant ainsi, ils servent Dieu. D'un autre côté, certains se tournent vers la surexcitation afin d'attiser une flamme émotionnelle, parce que le feu s'éteint.

Ce sont toutes deux des expressions de l'homme charnel, et quand l'homme charnel prend le pouvoir, la gloire de Dieu doit s'envoler.

Si le Père a rempli les maisons de l'Ancien Testament de sa gloire, bien qu'elles aient été construites par des mains humaines, à combien plus forte raison remplira-t-il le lieu qu'il a construit de ses propres mains! Il nous édifie pour que nous devenions sa demeure éternelle.

*La puissance:* pour être *tel qu'il est*, il faut être une expression permanente de puissance. Le baptême dans le Saint-Esprit nous revêt de cet élément céleste. Comme le vêtement est extérieur au corps, ainsi la puissance doit être l'élément le plus visible de l'Église qui croit. C'est *la puissance du salut*, valable à la fois pour le corps, l'âme et l'esprit.

Un grand nombre de nos contemporains recherchent de l'aide chez les psychiatres ou les sectes, avant de s'adresser à l'Église. Ils se tournent également vers l'aide médicale, qui est légitime, avant de demander nos prières. Pourquoi? Parce que, d'une manière générale, nous ne sommes pas revêtus de la puissance d'en-haut. Si nous l'étions, ils le verraient. S'ils le voyaient, ils viendraient.

Le manque de puissance que connaît l'Église permet aux sectes et aux faux dons spirituels de fleurir. Cependant, il n'y aura pas de contestation possible lorsque de telles contrefaçons se lèveront contre cette génération d'Élie qui a été revêtue de la puissance d'en haut sur le mont Carmel du raisonnement humain.

*Le triomphe:* Jésus a tout conquis: la puissance de l'enfer, le tombeau, le péché et le diable. Il est ressuscité d'entre les morts, s'est assis à la droite du Père et a été glorifié au-dessus de tous. Tout nom et toute puissance ont été placés sous ses pieds. Il nous a appelés son corps, et ce corps a des pieds, si l'on emploie un langage figuré. Il affirme que la partie la plus humble du corps a autorité sur la partie la plus glorieuse de tout autre chose. Cette victoire ne signifie pas que nous n'aurons désormais plus aucune bataille à livrer. Elle implique seulement que notre victoire à nous est assurée.

L'attitude de ceux qui vivent maintenant *en s'appuyant sur* le triomphe de Christ diffère de celle de ceux qui vivent sous l'influence de leur passé. Le seul élément du passé auquel nous avons accès est *le témoignage du Seigneur.*[11] Le reste est mort, enterré, oublié et couvert par le sang. Le passé ne devrait plus avoir la moindre influence négative sur notre manière de vivre, puisque le sang de Jésus est plus que suffisant. Vivre de la victoire de Christ est le privilège de tous les croyants. Cette prise de conscience est la fondation d'une Église qui triomphera de la même manière que lui.

*La sainteté:* Jésus est parfaitement saint, séparé *de* tout ce qui est mal, *pour entrer dans* tout ce qui est bien. La sainteté, c'est le langage par lequel la nature de Dieu est révélée. Le psalmiste a utilisé l'expression «dans la beauté de la sainteté». Dans l'Église, la sainteté révèle la beauté de Dieu.

Au sein même de certains temps de réveil, notre compréhension de la sainteté a souvent été centrée sur notre comportement, ce que nous pouvons ou ne pouvons pas faire. Cependant, ce qui, dans le passé, a été incorrectement réduit à une liste de «fais et ne fais pas» va vite devenir la plus grande révélation de Dieu que le monde ait jamais vue. Si la puissance démontre le cœur de Dieu, la sainteté révèle la beauté de sa nature. Nous vivons l'heure de la grande révélation de la beauté de la sainteté.

## Conclusion

Zacharie a reçu de Dieu une promesse qui dépassait sa compréhension: il allait avoir un enfant dans son grand âge. Comme c'était difficile à croire, il demanda à Dieu de lui donner une confirmation. Visiblement, qu'un ange lui ait parlé ne constituait pas un signe suffisant! Dieu le réduisit au silence pour neuf mois. Quand Dieu fait taire la voix de l'incrédulité, c'est généralement parce que les mots pourraient affecter l'issue d'une promesse. Quand Zacharie a vu l'accomplissement de la parole divine et qu'il a choisi d'appeler son fils selon l'ordre qu'il avait reçu et non selon les désirs de sa famille, Dieu libéra sa langue. L'obéissance qui va à l'encontre de l'opinion publique nous réintroduit souvent dans la foi. Et cette foi va souvent à l'encontre de l'entendement.

Marie a reçu elle aussi une promesse qui dépassait l'entendement: elle allait donner naissance au Fils de Dieu. Ne parvenant pas à comprendre, elle demanda comme il était possible que cela arrivât à une femme vierge. La compréhension d'une promesse de Dieu n'a jamais été un préalable à son accomplissement. L'ignorance demande la compréhension. L'incrédulité demande une preuve. Marie se distingue de Zacharie en ce que, malgré son ignorance, elle s'est abandonnée à la promesse. Son cri demeure l'une des expressions les plus importantes que l'Église puisse apprendre de nos jours: «Qu'il me soit fait selon ta parole».

Nous venons de voir une promesse extraordinaire qui est d'une importance essentielle pour l'Église. Peu de choses nous échappent davantage que cette déclaration: «Tel il est lui, tels nous sommes aussi dans ce monde.» Nous avons donc le choix: emboîter nos pas dans ceux de Zacharie et perdre la voix, ou marcher sur les pas de Marie et inviter Dieu à nous restituer les promesses que nous ne pouvons contrôler.

Cette identité solidifiera notre caractère quand nous nous engagerons dans le combat spirituel. Le prochain chapitre nous apportera la vision nécessaire au succès dans ce combat.

# Notes

1. 1 Jean 4.17.
2. Apocalypse 1.14-15.
3. Éphésiens 4.13.
4. Jean 7.39.
5. Voir Hébreux 12.2.
6. John G. Lake: *His life, His sermons, His boldness of faith*, p. 57.
7. Voir Jean 10.10.
8. Voir 2 Corinthiens 5.21.
9. Voir Éphésiens 1.21 et 3.20.
10. Matthieu 16.24.
11. Voir Psaume 119.111.

# La guerre
## en vue de l'invasion

## CHAPITRE 14

*Le vrai chrétien combat pour son Roi. Il aime entrer*
*dans le combat avec toute son âme et s'emparer*
*de la situation pour le Seigneur Jésus-Christ.*[1]

Trop longtemps, l'Église a joué la défense, dans la bataille pour les âmes. Nous entendons parler de ce que certaines sectes ou certains partis politiques ont l'intention de faire, et nous réagissons en élaborant des stratégies pour contrer les plans de l'ennemi. On forme des comités, on discute dans des conseils d'administration, et des pasteurs prêchent contre tout ce que le diable fait ou se prépare à faire. Cela en surprendra peut-être quelques-uns, mais moi, je ne m'intéresse pas à ce que le diable prévoit de faire. La grande mission d'évangélisation m'oblige à jouer l'attaque. C'est moi qui ai la balle. Et si je la contrôle efficacement, les plans du diable importeront peu.

Imaginez une équipe de football sur le terrain. Avant le match, l'entraîneur a prévu la tactique à adopter, face à l'adversaire. Il part du principe que ce dernier va évoluer selon un certain schéma. Mais une fois sur le terrain, l'adversaire adopte une tout autre tactique. En proie à la panique, le capitaine profite alors d'un arrêt de jeu pour venir trouver son entraîneur, et lui demander de changer de tactique, et surtout de renforcer sa défense, car l'adversaire joue l'attaque à fond.

Aussi étrange que cela puisse paraître, c'est exactement la situation dans laquelle se trouve aujourd'hui une grande partie de l'Église. Satan dévoile ses plans afin de nous obliger à nous mettre sur la défensive. Le diable rugit, et nous agissons comme si nous avions peur. Mettons un terme à cette absurdité et cessons de louer le diable par des discussions sans fin sur *ce qui va mal dans le monde à cause de lui.* C'est nous qui avons la balle. Les anciens des âges passés attendent avec anticipation ce qui va se passer sur le terrain, car le match va reprendre. Le potentiel supérieur de cette génération n'a rien à faire de notre bonté, mais il a tout à faire avec le plan du Maître qui nous a placés sur terre à ce moment précis de l'histoire. Nous devons être le pire cauchemar du diable.

## Pourquoi satan divulgue ses secrets

Je crois sincèrement que satan va dévoiler ses propres plans pour que nous réagissions en conséquence. Satan aime contrôler les choses. Et c'est lui qui assume ce contrôle, chaque fois que nous le faisons pas. Les réactions sont engendrées par la peur.

Le but pour nous ne doit pas être de *tenir jusqu'au retour de Jésus!* Nous sommes un groupe de gens victorieux qui ont été rachetés par le sang, remplis de l'Esprit et envoyés en mission par Dieu en personne, afin que *tout ce qu'*il a proclamé s'accomplisse. Quand nous adaptons nos plans à ceux du diable, nous adoptons automatiquement la mauvaise mentalité. Une attitude aussi incorrecte peut devenir *la forteresse mentale* qui invitera un assaut légal de l'enfer. En tant que telles, nos craintes deviendront des prophéties qui s'accompliront d'elles-mêmes.

## Secrets bibliques de guerre

Le combat spirituel est inévitable, et le simple fait d'ignorer ce sujet ne nous en débarrassera pas. Par conséquent, nous devrons apprendre à combattre avec une autorité spirituelle! Les principes qui suivent sont des visions que l'on néglige souvent:

1. «*Lorsque le Pharaon laissa partir le peuple, Dieu ne le conduisit point par le chemin du pays des Philistins, quoique le plus proche; car Dieu disait: 'Le peuple pourrait avoir du regret en voyant la guerre et retourner en Égypte'.*»[2]

Dieu sait fort bien ce que nous sommes capables de gérer à l'heure actuelle. Il nous conduit à l'écart de tout combat qui pourrait nous pousser à faire demi-tour et abandonner notre appel. Ce qui implique qu'il ne nous conduit que dans les combats auxquels nous sommes suffisamment préparés pour pouvoir les remporter.

Dans cette guerre, l'endroit le plus sûr est l'obéissance. Si nous nous trouvons au centre même de sa volonté, nous n'affronterons que des situations pour lesquelles nous sommes équipés et dont nous pouvons sortir vainqueurs. Beaucoup de chrétiens s'écartent de la volonté de Dieu. Ils subissent alors des pressions injustifiables qu'ils s'infligent à eux-mêmes. La volonté de Dieu est l'endroit le plus sûr où nous puissions nous trouver.

2. «*Tu dresses devant moi une table, en face de mes ennemis.*»[3]

Dieu n'est aucunement intimidé par le cinéma du diable. En réalité, il veut que nous vivions en communion avec lui sous les yeux mêmes du diable. L'intimité avec Dieu est notre carte maîtresse. Ne laissez jamais personne vous éloigner de ce point fort. Beaucoup deviennent trop «obsédés par le combat», dans leur intérêt personnel. Une telle obsession implique souvent des démonstrations de force humaine, et non de grâce divine. Le choix de cette mentalité d'obsession pour le combat nous prive de la joie et de l'intimité avec Dieu. Cela indique que nous avons abandonné notre *premier amour*.[4] L'intimité que Paul entretenait avec Dieu le rendait capable de dire, du fin fond de sa prison romaine infestée de démons: «Réjouissez-vous toujours dans le Seigneur; je le répète, réjouissez-vous.»

> 3. «...sans vous laisser aucunement intimider par les adversaires. C'est pour eux une preuve de perdition, mais pour vous de salut, et cela de la part de Dieu.»[5]

Quand nous refusons la crainte, l'ennemi est terrifié. Un cœur confiant est le signe certain de sa destruction suprême et de notre victoire présente! N'ayez pas peur. Jamais. Revenez aux promesses de Dieu, passez du temps avec ceux qui ont la foi, et encouragez-vous les uns les autres avec les témoignages du Seigneur. Louez Dieu pour ce qu'il est, jusqu'à ce que la crainte ne frappe plus à votre porte. Il ne s'agit pas là d'une option, car la crainte invite vraiment l'ennemi à venir pour tuer, voler et détruire.

> 4. «Soumettez-vous donc à Dieu; résistez au diable, et il fuira loin de vous.»[6]

La soumission est la clé du triomphe personnel. Notre bataille principale, dans le combat spirituel, nous ne la livrons pas contre le diable, mais contre la chair. Si nous nous soumettons à Dieu, les ressources du ciel seront à notre disposition pour que notre victoire perdure, faisant valoir ce qui a déjà été obtenu au Calvaire.

> 5. «...les portes du séjour des morts ne prévaudront pas contre elle» [l'Église].[7]

Si Dieu m'a laissé sur la terre, ce n'est pas pour que je m'y cache à l'abri, en attendant le retour de Jésus. Je suis ici comme un représentant militaire du ciel. L'Église mène son offensive. C'est pourquoi les portes de l'enfer, le siège du gouvernement et de la puissance démoniaques, NE PRÉVAUDRONT PAS contre l'Église.

> 6. «Il rendit son peuple très fécond et plus puissant que ses adversaires. Il changea leur cœur, et alors ils eurent de la haine pour son peuple et traitèrent ses serviteurs avec perfidie.»[8]

Dieu commence par nous rendre forts, puis il excite la haine du diable contre nous. Pourquoi? Ce n'est pas parce qu'il veut créer des problèmes à son Église. C'est simplement parce qu'il aime voir le diable vaincu par ceux qui sont créés à l'image de Dieu et qui entretiennent volontairement avec lui une relation fondée sur l'amour. Nous avons reçu de lui une délégation d'autorité. Il lui a plu de nous utiliser pour faire valoir le triomphe de Jésus. «Pour exécuter contre eux le jugement qui est écrit! C'est un honneur éclatant pour tous ses fidèles.»[9]

7. «...que les habitants de Séla éclatent en acclamations! (...) Il [L'Éternel] excite son zèle comme un homme de guerre; il lance la clameur, il jette des cris, il triomphe de ses ennemis.»[10]

Le ministère que nous exerçons pour Dieu constitue l'un de nos privilèges les plus importants. La louange honore Dieu. En outre, elle nous édifie et détruit les puissances de l'enfer!

Il est étonnant de penser que je peux le louer, voir sa paix remplir mon âme et l'entendre dire que je suis un soldat puissant et valeureux. Tout ce que j'ai fait, c'était de l'adorer. Il a détruit les puissances de l'enfer pour mon bien et m'a accordé ensuite les «points» de la victoire.

Nous n'avons pas donné ici une liste complète. Mais cela suffit à nous aider à changer de conception du combat spirituel, pour quitter celle qui était religieuse et charnelle, et embrasser celle qui est centrée sur le royaume de Dieu. Repentez-vous, changez de mentalité, et vous serez en mesure de voir à quel point le royaume de Dieu est «proche.»

Nous sommes nés dans une guerre. Il n'y a pas de pauses, de vacances, de permissions. L'endroit le plus sûr est le cœur même de la volonté de Dieu, c'est-à-dire l'intimité profonde avec lui. C'est là qu'il n'autorise à venir sur notre route que les batailles que nous sommes préparés à livrer et à remporter.

Ce lieu est non seulement le plus sûr, mais également le plus joyeux pour tout croyant. Hors de l'intimité, nous risquons de rater l'événement le plus important pour la terre. C'est le sujet de notre prochain chapitre.

# Notes

1. John G. Lake, *His Life, His Sermons, His Boldness of Faith*, p. 205. Kenneth Copeland Publications, Ft. Worth, TX, (C) 1994.

2. Exode 13.17.

3. Psaume 23.5.

4. Voir Apocalypse 2.4.

5. Philippiens 1.28-29.

6. Jacques 4.7.

7. Matthieu 16.18.

8. Psaume 105.24-25.

9. Psaume 149.9.

10. Ésaïe 42.11, 13.

# Comment rater le réveil

## CHAPITRE 15

*Le réveil est au cœur même du message du royaume de Dieu, car c'est au sein du réveil que nous voyons plus clairement ce à quoi sa domination ressemble et comment elle affecte la société. Le réveil à son meilleur niveau, c'est: «Que ton règne vienne!» D'une certaine manière, le réveil illustre la vie chrétienne normale.*

Avant la venue du Messie, les chefs religieux priaient pour cet événement et enseignaient à son sujet. On connaissait alors comme une agitation à l'échelle de la planète, même au sein des non-croyants, car on pensait qu'un événement merveilleux allait bientôt arriver. C'est alors que Jésus est né, dans une crèche.

Ceux qui observaient les étoiles savaient qui il était. Ils parcoururent une longue distance pour venir l'adorer et lui offrir leurs cadeaux. Le diable aussi le connaissait, c'est pourquoi il poussa Hérode à tuer les enfants mâles premiers-nés. Il essayait ainsi d'arrêter le plan de Jésus, qui était de racheter l'humanité. Après son échec, le diable essaya de piéger Jésus pour qu'il pèche, lors de la tentation dans le désert. Ce qui est le plus étonnant, c'est que cette visite de Dieu n'échappa pas à ceux qui étaient possédés du démon. Comme par exemple *l'homme du pays des Gadaréniens*. Quand il vit Jésus, il se prosterna devant lui pour l'adorer, et il fut rapidement libéré de sa vie de tourments. Cependant, les chefs religieux qui priaient pour la venue du Messie ne le reconnurent pas, quand il vint.

Paul et Silas ont prêché l'Évangile dans toute l'Asie mineure. Les chefs religieux disaient qu'ils étaient inspirés par le diable. Mais une jeune fille qui était possédée du démon et diseuse de bonne aventure déclara qu'ils venaient de la part de Dieu. Comment se fait-il que ceux qui sont considérés comme spirituellement aveugles sont capables de voir, alors que ceux qui étaient connus pour leur discernement n'ont pas reconnu ce que Dieu faisait?

L'histoire est peuplée de gens qui ont prié pour être visités par Dieu et ont raté l'occasion quand elle s'est présentée. Et cela est arrivé, bien que certains aient eu une bonne relation avec Dieu.

## Une autre forme de cécité

De nombreux croyants souffrent d'une forme de cécité qui n'affecte pas les non-croyants. Le monde, lui, connaît ses propres besoins. La plupart des chrétiens cessent progressivement de reconnaître leurs besoins, une fois qu'ils sont nés de nouveau. Il y a une sorte de désir désespéré de Dieu qui rend une personne capable de reconnaître si une chose vient ou non de Dieu. Jésus a parlé de ce phénomène quand il a dit: «Je suis venu dans ce monde pour un jugement, afin que ceux qui ne voient pas voient, et que ceux qui voient deviennent aveugles.»[1]

Le témoignage de l'Histoire et le récit biblique nous mettent en garde contre la possibilité de cette erreur. «Ainsi donc, que celui qui pense être debout prenne garde de tomber!»[3] Matthieu dit que c'est *la dureté du cœur* qui empêche de voir.[2] Ceux qui ont le cœur dur sont ceux qui ont connu Dieu mais ne se sont pas tenus au courant de ce que Dieu faisait. Le comportement opposé consiste à reconnaître son besoin et à rechercher Jésus passionnément. Ce premier amour contribue, d'une manière ou d'une autre, à nous maintenir en sécurité au centre même des activités de Dieu sur terre.

L'église d'Éphèse a reçu de Dieu une lettre. Jésus lui a expliqué qu'elle avait oublié son premier amour. Le premier amour est de nature passionnée et il s'impose à tous les autres aspects de la vie. Si les chrétiens d'Éphèse ne corrigeaient pas leur erreur, Dieu dit qu'il ôterait leur «chandelier». Si les théologiens ne sont pas tous d'accord sur l'identité de ce dernier, une chose est sûre: la lampe sert à nous éclairer. Sans elle, les chrétiens d'Éphèse risquaient de perdre leur faculté de percevoir les choses. La cécité et l'endurcissement que nous avons mentionnés plus haut ne sont pas toujours de nature à nous conduire tout droit en enfer. Cela nous empêche simplement d'entrer dans la plénitude de ce que Dieu a prévu pour nous pendant notre séjour sur terre. Quand la passion meurt, la lampe de la perception finit par être ôtée.

## Se tenir au courant

On a déjà assisté à ce phénomène, dans l'histoire de l'Église. Ce sont généralement ceux qui ont été les derniers à l'expérimenter qui rejettent une action de Dieu. Cela ne se vérifie pas tout le temps, car on trouve toujours des gens dont la faim de Dieu augmente constamment, au fil du temps. Mais nombreux sont ceux qui se comportent comme s'*ils étaient arrivés*, non à la perfection, mais là où Dieu voulait les conduire. Ils ont payé un certain prix pour expérimenter l'action de Dieu.

Ils se demandent: «Pourquoi Dieu ferait-il une chose nouvelle, sans nous la montrer d'abord?» Dieu est un Dieu qui fait des choses nouvelles. Si nous avons faim de lui, nous devons accepter le changement qu'introduisent *les choses nouvelles*. La passion pour Dieu nous maintient dans la fraîcheur de la nouveauté et nous donne les moyens de reconnaître la main de Dieu, même lorsque les autres la rejettent. Le mouvement spirituel d'aujourd'hui exige cela de nous. La crainte de la tromperie est comme engloutie dans la confiance en Dieu qui est capable de nous empêcher de tomber.[4]

Je rends grâces à Dieu pour les nombreux saints chevronnés qui considèrent le mouvement actuel comme un don du ciel. Un grand nombre d'historiens de l'Église considèrent ce mouvement comme étant authentique. Ils ont constaté qu'il porte le même fruit, et entraîne les mêmes bouleversements au sein de l'Église que les précédents réveils de l'Histoire. Quel encouragement d'entendre divers théologiens affirmer que ce réveil est un vrai mouvement venant de Dieu. Cependant, je ne cherche pas particulièrement le sceau de leur approbation.

Quand les principaux leaders de l'Église se lèvent pour déclarer que ce mouvement est un réveil, je me sens encouragé. Cela s'est passé au sein de ma propre dénomination. Mais même cela ne m'intéresse pas tant que ce qui constitue la vraie marque du réveil, aux yeux de Dieu. Dans sa sagesse, il a créé les choses de manière à ce que le monde reconnaisse tout de suite qu'il est à l'œuvre, quand il agit. Je recherche la réaction de ceux qui sont possédés. C'est le toxicomane, l'ex-détenu et la prostituée que je veux entendre. Quand Dieu envoie le réveil, ces gens-là regardent, non comme des critiques, mais comme des gens qui ont un grand besoin de Dieu. Et nous entendons un grand nombre d'entre eux. Ils sont transformés et disent : «Seul Dieu était capable de changer ma vie à ce point. C'est vraiment Dieu qui a fait cela !»

Quand on se trouve dans le besoin, on est capable de détecter ce que Dieu fait, quand il accomplit des choses nouvelles. *Être dans le besoin* ne signifie pas nécessairement être toxicomane ou prostituée. Chaque chrétien est censé avoir en permanence un besoin désespéré de Dieu. Nous sommes dans le besoin ! Jésus a parlé de cela quand il a dit : «Heureux les pauvres en esprit, car le royaume des cieux est à eux !»[5] En demeurant pauvres en esprit, et en gardant *notre premier amour-passion* pour Jésus, nous détenons les clés que Dieu a créées pour nous ancrer au centre de son œuvre.

## Comment les saints passent à côté de l'action de Dieu

Andrew Murray a été l'un des grands hommes de Dieu du début du vingtième siècle. Il était réputé pour son enseignement, et nourrissait une véritable passion pour la prière. Ses appels au réveil sont restés légendaires. Il s'est rendu un jour au Pays de Galles pour y examiner le réveil de 1904, et a été bouleversé par l'impressionnante présence de Dieu. Cependant, quand il a quitté plus tard ce pays, il s'est dit que s'il y était resté, il aurait risqué sans le vouloir d'affecter la pureté de l'œuvre de Dieu. Il n'a pas voulu forcer la main du réveil pour lequel il avait prié depuis si longtemps.

Les mouvements inspirés par Dieu sont généralement accompagnés d'un stigmate, c'est-à-dire d'une marque peu attirante et considérée même comme étant repoussante par certains. Les langues, par exemple, sont le stigmate du vingtième siècle que la plupart ont refusé de porter. G. Campbell Morgan, le grand homme de Dieu et commentateur de la Bible, a rejeté le réveil pentecôtiste, allant même jusqu'à le surnommer *le dernier vomi de l'enfer*! Pour marcher dans le réveil, il faut souvent accepter d'être désapprouvé.

Quand une personne naît de nouveau, l'esprit naturel est peu encouragé à rechercher davantage ce qui apporte la honte. C'est cette absence de désespoir qui pousse les croyants à passer à côté de Dieu.

## Porter son opprobre

Marie a entendu un jour la nouvelle la plus choquante qu'une personne ait jamais reçue. Elle allait donner naissance à l'enfant Jésus. Elle avait été choisie par Dieu, et on dirait d'elle qu'elle «a trouvé grâce auprès de Dieu.»

Cette grâce a commencé par la visite d'un ange. Cette expérience était quelque peu effrayante! C'est alors qu'elle a entendu dire ce qui était incompréhensible et impossible à expliquer. Le choc initial a été suivi par la nécessité d'en parler à Joseph, son futur mari. Sa réaction a été de vouloir «rompre secrètement avec elle.»[6] En d'autres termes, il ne croyait pas que cela vînt de Dieu, et il ne voulait plus poursuivre les plans en vue du mariage. Après tout, où trouve-t-on dans la Bible la description de la manière dont Dieu œuvre avec son peuple? Une telle chose n'était jamais arrivée auparavant. Il n'y avait aucun précédent parlant d'une femme vierge donnant naissance à un enfant.

Outre ce conflit apparent avec Joseph, Marie devrait porter l'opprobre qui accompagne toute mère d'un enfant illégitime, pendant le reste de son existence. La faveur vue (du point de vue) du ciel n'est pas toujours agréable, selon notre point de vue.

À l'instar de Marie, ceux qui font l'expérience du réveil ont droit à des rencontres spirituelles qui dépassent l'entendement. Il est rare que nous comprenions tout de suite ce que Dieu fait et pourquoi il le fait. Parfois, ce sont nos propres amis qui veulent *nous mettre de côté*, déclarant que ce que Dieu fait vient en réalité du diable. Sans oublier le fait que nous sommes alors regardés par le reste du corps de Christ comme *des marginaux*. Le fait de porter l'opprobre de la part de nos frères et sœurs constitue une partie du prix à payer quand on entre dans le souffle de l'Esprit.

«C'est pourquoi Jésus aussi, pour sanctifier le peuple par son propre sang, a souffert hors de la porte. Sortons donc hors du camp, en portant son opprobre.»[7] Le réveil nous fait souvent sortir du camp, c'est-à-dire de la communauté religieuse. C'est d'ailleurs souvent là qu'il se trouve : *hors du camp!*

En lui-même, le stigmate ne garantit pas que ce que nous expérimentons est une vraie action de Dieu. Certaines personnes s'attirent des reproches à cause de leur hérésie, de leur impureté et de leur légalisme. La tension embarrassante qui nous tombe dessus quand nous sommes comptés au nombre de ces gens-là est ce qui fait le vrai stigmate qui est le plus dur à supporter. Daniel connaissait bien ce conflit intérieur. Il est resté fidèle à son appel, bien qu'il ait été considéré comme *un magicien de plus* par la roi et par sa cour.

## Le ciel maintenant ou le ciel ici

Comme nous l'avons déjà dit, le fait d'éteindre l'Esprit est sans doute responsable de la fin d'un plus grand nombre de réveils que n'importe quel autre élément. Même ceux qui ont embrassé l'action de Dieu en arrivent souvent au point où leur zone de confort est étendue jusqu'à la limite extrême de ce qu'ils auraient pu souhaiter eux-mêmes. C'est alors qu'ils cherchent un endroit où se poser, un endroit où ils peuvent comprendre et contrôler.

La seconde grande cause de l'arrêt des réveils est le moment où l'Église commence à penser au retour de Jésus au lieu de chercher à opérer une véritable percée dans l'accomplissement de la grande mission d'évangélisation. *Ce genre* de faim du ciel n'est pas vraiment encouragée dans la Bible, et pour cause : l'espérance bénie devient alors la fuite bénie. Vouloir que Jésus revienne maintenant, c'est condamner des milliards d'êtres humains à l'enfer pour l'éternité. Non que nous ne devrions pas aspirer à aller au ciel. Paul n'a-t-il pas dit qu'une telle aspiration constitue un réconfort pour le chrétien. Mais vouloir la fin de toutes choses, c'est prononcer le jugement sur le reste de l'humanité qui vit sans Christ. Paul lui-même ne souhaitait pas revenir à Corinthe sans que l'obéissance des Corinthiens ne soit parfaite. Jésus, qui a payé pour tous nos péchés, a-t-il hâte de revenir sans cette grande moisson finale ? Je ne le pense pas.

Je crois que, si l'Église désire aujourd'hui aller au ciel, c'est comme si elle se rendait coupable de contrefaçon à l'égard de la parole de Jésus : «Cherchez premièrement le royaume.» Il y a une différence entre le fait de réclamer «le ciel maintenant» et le fait de dire «le ciel ici !» Si un réveil nous conduit au *bout* de nos rêves, cela veut-il dire que nous sommes arrivés au bout de celui de Jésus ? Le réveil doit dépasser tout ce que nous pouvons imaginer. Toute autre chose se situe au-dessous.

Un grand nombre de revivalistes ont connu des percées si significatives qu'ils ont considéré que le retour du Seigneur était imminent. Cependant, ils ont oublié d'équiper l'Église pour qu'elle fasse ce pour quoi ils avaient reçu un don. En conséquence, ils ont influencé des foules de gens, mais pas des nations ou des générations entières.

Nous devons faire nos plans comme si nous avions une vie entière à vivre, mais travailler et prier comme s'il ne nous restait que peu de temps.

## Des rencontres intimes

Les disciples, qui étaient habitués à ce que Jésus les surprenne à chaque coin de rue, se sont retrouvés un jour dans une situation inhabituelle: ils devaient attendre la promesse du Père, quelle qu'elle soit. Les dix jours qu'ils allaient vivre ensemble leur donnerait certes l'occasion d'exprimer leur tristesse à l'égard des conversations stupides qu'ils avaient eues pour savoir qui était le plus grand et qui serait capable de ne pas laisser tomber le Seigneur. Il s'est certainement passé quelque chose comme cela, parce qu'ils étaient toujours ensemble, sans que Jésus ne soit avec eux pour maintenir la paix.

Ils s'apprêtaient à faire une rencontre qui écraserait toutes les expériences faites précédemment. Dieu allait saturer leur être de sa présence. Il allait prendre la puissance qu'ils avaient vu couler à travers Jésus et la faire littéralement exploser en eux. Cet événement marquerait l'apothéose des efforts de Dieu en vue de la restauration et de l'envoi en mission de ses disciples depuis que l'homme avait oublié l'appel à soumettre la terre, dans le livre de la Genèse. Cela constituerait la marque de la marée montante pour toute l'humanité et à jamais.

Dix jours passèrent. Le jour de la Pentecôte, ils étaient tous assemblés et priaient, comme les neuf jours précédents. «Tout à coup...»[8] une salle contenant cent vingt personnes fut remplie d'un bruit de vent, de feu et d'expressions extatiques de louange prononcées dans des langues connues ou inconnues.[9]

Quelle que soit la manière dont on interprète l'instruction de Paul sur l'usage des dons spirituels, on doit se mettre d'accord sur un point: cette réunion était entièrement dirigée par le Saint-Esprit. Cette Église naissante n'avait pas suffisamment d'expérience pour essayer de contrôler Dieu. Ces premiers chrétiens n''avaient pas appris à discuter des pratiques acceptables et de celles qui ne l'étaient pas. Ils ne disposaient pas de grille biblique ou expérimentale où caser ce qu'ils vivaient à l'instant. Notez ici les différentes composantes d'une réunion dirigée par l'Esprit:

1. Ils priaient.
2. Ils étaient unis.
3. Ils parlaient tous en langues.
4. Les non-croyants entendirent ces langues.
5. Des gens furent sauvés.[10]

Pensez un peu à la situation délicate dans laquelle l'équipe d'Actes 2 se trouvait : ils venaient juste de vivre une rencontre avec Dieu sans qu'aucun chapitre ou verset de l'Écriture ne puisse leur expliquer ce qui venait d'arriver. Sous la direction du Saint-Esprit, Pierre choisit d'utiliser Joël 2 comme texte de base pour servir de point d'appui à leur expérience. Joël 2 annonçait qu'il y aurait une effusion du Saint-Esprit comprenant une prophétie, des rêves et des visions. L'effusion arriva comme promis en Actes 2, mais sans aucun des éléments mentionnés par Joël. Au lieu de cela, il y eut du vent, du feu et des langues. Et c'était Dieu qui avait utilisé ce passage pour appuyer cette nouvelle expérience.

Le fait même que cela semble être une interprétation incorrecte des Écritures devrait nous révéler que c'est nous qui nous rendons souvent coupables d'une approche incorrecte de son livre. La Bible n'est pas un recueil de listes qui limitent ou enferment Dieu dans un enclos. La Parole ne contient pas Dieu. Elle le révèle. Joël 2 a révélé la nature de l'œuvre de Dieu au milieu des hommes. Actes 2 a été une illustration de ce que Dieu avait l'intention de faire par cette prophétie.

## Être ou ne pas être à l'attaque

La plupart des réunions qui ont lieu à l'Église sont programmées pour offenser le moins de personnes possible. On part par exemple du principe que tout usage des dons spirituels risque de faire partir les gens ou les détourner de l'Évangile. On oublie qu'ils s'en sont déjà détournés.

Dans la majeure partie des cas, les diverses expressions de louange, l'exercice des dons spirituels et les choses de ce genre ont déjà détourné les chrétiens qui ont eu la malchance d'avoir été enseignés à s'en méfier. La plupart de ces personnes se stimulent de nouveau pour ces choses lorsqu'ils affrontent une situation impossible et qu'ils ont besoin de l'aide d'une autre personne qui a déjà fait l'expérience de l'Évangile de puissance.

L'Église souffre d'une accoutumance malsaine à la perfection. Elle ne supporte pas les désordres. Ce critère ne peut être respecté que lorsque l'on restreint ou rejette l'usage des dons de l'Esprit. «Que tout se fasse avec bienséance et avec ordre.»[11] Le «tout» de ce verset se réfère aux manifestations du Saint-Esprit. C'est pourquoi, *tout doit se faire* avant même qu'on ait le droit de discuter de l'ordre à faire respecter.

Maintenir les choses en ordre est devenu notre grande mission. Les dons de l'Esprit interférant avec la nécessité du maintien de l'ordre, l'ordre prend le pas sur la croissance. Pourquoi donc devrions-nous attacher de l'importance à un désordre occasionnel? «Quand il n'y a point de taureaux, la crèche est vide, c'est à la force du bœuf qu'on doit l'abondance des revenus.»[12] Les désordres s'avèrent nécessaire à la croissance.

Quelle importance revêt la croissance aux yeux de Dieu? Jésus a maudit un jour un figuier parce qu'il ne portait pas de fruit hors saison![13] Dans l'une de ces paraboles, on voit un homme jeté dans les ténèbres du dehors parce qu'il a enterré son argent, au lieu d'en obtenir un bénéfice pour son maître.[14]

Il y a une grande différence entre les cimetières et les crèches. Dans les cimetières, l'ordre règne, et dans la crèche, c'est la vie. Si une personne qui n'a jamais eu d'enfant entre dans la garderie de l'église avec toutes ses joyeuses activités, elle dira peut-être que le désordre règne en ce lieu. Comparé à sa salle à manger, c'est le cas. Mais quand une personne qui a des enfants entre et voit son petit jouer avec d'autres enfants, elle se dit que tout est parfait! Tout est question de points de vue. L'ordre a pour but de promouvoir la vie. Si nous allons au-delà, nous travaillons à l'encontre des choses que nous prétendons apprécier.

## À l'image de qui ?

Nous passons à côté de Dieu quand nous vivons comme si nous l'avions complètement cerné. Nous avons pris l'habitude de le faire nous ressembler. En réalité, si nous pensons le comprendre, c'est que nous l'avons sans doute conformé à notre image. Il faut que notre relation avec lui demeure empreinte de mystère, car il a voulu travailler bien au-delà de notre imagination.[15] S'efforcer de le comprendre, c'est s'embarquer dans une aventure qui sera toujours plus riche de questions.

Notre désir inné de réveil doit nous faire vivre dans un besoin désespéré de le reconnaître chaque fois qu'il viendra. Sans ce désespoir, nous nous satisferons de notre statut présent et nous deviendrons nos pires ennemis en matière de changement de l'Histoire.

L'Histoire ne peut être changée efficacement tant que nous ne sommes pas prêts à nous *salir* les mains. Nous en arriverons vraiment là quand nous embrasserons l'appel à infiltrer le système babylonien, ce qui constitue le thème de notre prochain chapitre.

# Notes

1. Jean 9.39.
2. 1 Corinthiens 10.12.
3. Voir Matthieu 13.15.
4. Voir Jude 24.
5. Matthieu 5.3.
6. Voir Matthieu 1.19.
7. Hébreux 13.12-13.
8. Actes 2.2.
9. Actes 2.4-11.
10. Est-il possible que les instructions de Paul sur le bon usage des dons spirituels aient été utilisées pour définir Actes, au lieu que ce soit Actes 2 qui illustre la juste interprétation de l'instruction de Paul contenue dans 1 Corinthiens 12 et 14?
11. 1 Corinthiens 14.40.
12. Proverbes 14.4.
13. Voir Marc 11.13-14.
14. Voir Matthieu 25.24-30.
15. Voir Éphésiens 3.20.

# Infiltrer le système

## CHAPITRE 16

*« À quoi comparerai-je le royaume de Dieu ?*
*Il est semblable à du levain qu'une femme*
*a pris et introduit dans trois mesures de farine,*
*jusqu'à ce que (la pâte) soit toute levée. »*[1]

J'ai enseigné un jour sur ce passage, lors d'une petite conférence de pasteurs, dans un pays d'Europe. Mon sujet était très précisément : « La puissance infiltrante du royaume de Dieu ». Tout comme la lumière qui expose, ou le sel qui préserve, le levain influence son environnement d'une manière subtile et très puissante. Ainsi en est-il également du royaume de Dieu. J'ai parlé de certaines des stratégies pratiques que nous avions adoptées en tant qu'église pour infiltrer pour la cause de Christ le système social de l'endroit où nous nous trouvions.

Nous avions, dans notre église, un jeune homme qui passait en jugement. Il avait déjà passé un certain temps en prison, et il risquait de se voir infliger une peine de vingt ans de réclusion. Il avait commis un crime avant sa récente conversion. Le juge et l'avocat général reconnaissaient que la vie de ce jeune homme avait été transformée par Dieu. Mais ils tenaient à ce qu'une peine soit infligée à ce jeune homme en raison du crime qu'il avait commis. Ils le condamnèrent donc seulement à une peine de six mois, dans une prison réservée à de tels condamnés. Le dimanche avant son départ pour la prison, nous lui avons imposé les mains, pour qu'il parte à la maison d'arrêt comme une sorte de missionnaire partant sur le champ missionnaire, là où aucun d'entre nous ne pouvait aller. Par le moyen de cette «infiltration», plus de soixante des cent dix détenus de cette prison acceptèrent Christ en moins d'un an.

À la suite de mon message aux pasteurs, plusieurs leaders se sont réunis pour discuter ensemble des concepts que j'avais présentés. Puis ils ont quitté leur groupe pour m'informer que j'étais dans l'erreur. «Le levain représente toujours le péché,» m'ont-ils dit. «Cette parabole montre comment l'Église sera remplie de péché et de compromis dans les derniers jours.» Ils ont vu là un avertissement, non une promesse.

Bien que je ne déshonore pas mes frères,[2] je rejette cette position de survie, car elle nous désarme et nous distrait de la véritable pensée de Christ: celle d'un grand triomphe. L'erreur commise par mes frères est double:

1. Ils ont confondu l'Église et le royaume de Dieu. Or, les deux ne sont pas identiques. L'Église doit vivre dans *le domaine du roi*, mais elle n'est pas elle-même le royaume. Si le péché infecte l'Église, le royaume de Dieu est le domaine de la souveraineté de Dieu. Le péché ne peut pas pénétrer ni influencer ce domaine.

2. Leur prédisposition à voir une Église faible et combattante dans les derniers jours rend difficile la vision de la promesse de Dieu pour le réveil. Il est impossible d'avoir la foi quand on n'a pas d'espoir. De telles approches à la compréhension des Écritures ont paralysé l'Église.

## C'est notre tour

Sans une révélation de ce que Dieu a l'intention de faire avec son Église, nous ne pouvons avancer dans le triomphe de la foi. Quand le but principal de notre foi est de se garder contre les assauts du diable, notre foi se situe au-dessous de ce que Dieu attend. Jésus avait à l'esprit autre chose que notre simple survie. Nous sommes destinés à vaincre.

Chaque conversion pille l'enfer. Chaque miracle détruit les œuvres du diable. Chaque rencontre avec Dieu est *une invasion du Tout-Puissant* dans notre monde désespéré. Voilà ce qui fait notre joie.

La flamme originale de la Pentecôte, le Saint-Esprit en personne, brûle dans mon âme. J'ai reçu une promesse de Dieu. Je fais partie d'un groupe de gens qui sont destinés à faire des œuvres plus grandes que celles que Jésus a faites pendant son ministère terrestre. Pourquoi est-il donc si difficile de voir l'Église exercer une influence significative dans les derniers jours? C'est Dieu qui a décrété que l'Épouse serait sans tache et sans ride. C'est Dieu qui a déclaré: «Voici que les ténèbres couvrent la terre et l'obscurité les peuples, mais sur toi l'Éternel se lève, sur toi sa gloire apparaît».[3] C'est Dieu qui nous a appelés, nous son Église, des vainqueurs.[4]

La parabole du levain illustre l'influence subtile mais écrasante du royaume de Dieu dans n'importe quel contexte où il est placé. De nos jours, Dieu a prévu de nous placer dans la situation la plus sombre afin de nous démontrer sa souveraineté.

Le joaillier place souvent un diamant sur un morceau de velours noir. L'éclat de la pierre précieuse ressort davantage sur ce genre de fond. Ainsi en est-il de l'Église. La sombre condition du monde actuel constitue la toile de fond sur laquelle Dieu expose son Église glorieuse! «Là où le péché s'est amplifié, la grâce a surabondé.»[5]

Pour illustrer le principe de l'infiltration d'un système mondial bien sombre, nous allons considérer deux héros de l'Ancien Testament qui apportent un aperçu prophétique du triomphe de l'Église moderne.

## Daniel dans le rôle du levain

Daniel avait probablement une quinzaine d'années quand son histoire biblique commence. Il avait été déporté loin de sa famille, était devenu un eunuque et était entré au service du roi. Ses amis Chadrak, Méchak, Abed-Nego et lui-même avaient été choisis parce qu'ils étaient «de belle apparence, doués de toute sagesse, d'intelligence et d'instruction, capables de servir dans le palais du roi, et à qui l'on enseignerait les lettres et la langue des Chaldéens».[6]

Daniel a commencé son stage à la cour de Nébucadnetsar et plus tard, il a eu une promotion et est devenu conseiller de souverains étrangers. Il s'est élevé au-dessus des autres par sa sagesse, et est devenu le conseiller du roi. À cause de l'excellence de son service et de son autorité, le roi avait pour lui dix fois plus de considération que pour les autres.[7]

Pour mieux comprendre le contexte, il faut se rappeler que Daniel faisait maintenant partie de l'un des royaumes les plus démoniaques qui aient jamais existé sur terre. Il était profondément installé dans ce système. Il était compté au nombre des magiciens, des astrologues et des sorciers. Aux yeux de Dieu, il était l'un de ses hommes, mais en même temps, aux yeux du roi, il n'était qu'un spirite parmi les autres... au moins pour un temps. Comme il est étrange de faire partie d'un tel groupe, surtout quand on pense qu'il s'agit ici de Daniel, un prophète sans reproche. Son refus de se laisser souiller est devenu légendaire, au point d'élever le niveau de la marque de la marée haute pour les générations de prophètes qui sont venus après lui.

Le royaume de Babylone était une société sophistiquée, avec son lot de distractions permettant à un Juif de vivre dans une tension constante entre l'attachement à Dieu et un amour malsain pour ce monde. Quand vous ajoutez à cela un culte idolâtre très développé et la présence des démons qu'il impose, vous avez un mélange mortel qui risque fort de miner la foi de n'importe quel chrétien désinvolte. D'un autre côté, Daniel nourrissait un attachement absolu envers Dieu, et il suivait son dessein sans le moindre compromis. Dans son rôle de *levain*, il briguait l'excellence. Si vous cherchez quelqu'un qui aurait pu nourrir de l'amertume, vous l'avez trouvé : enlevé à sa famille, fait eunuque et forcé de servir un culte étranger. Aux yeux de Dieu, la grandeur se situe souvent du côté opposé de l'injustice et de l'offense. Si Daniel avait passé cet obstacle, ce n'était pas parce qu'il était lui-même grand. Il était victorieux parce qu'il s'était attaché à celui qui est grand !

## La puissance de la sainteté

Daniel a découvert très tôt la puissance de la sainteté. Il ne voulait pas manger des mets délicieux du roi. La séparation pour Dieu est démontrée par un style de vie personnel, non par certaines compagnies. Daniel ne pouvait pas contrôler son environnement. Il arrive souvent que l'Église fasse l'inverse. De nombreux chrétiens vivent comme le monde, mais refusent de côtoyer les non-croyants afin de ne pas se souiller. De nombreux chrétiens préfèrent travailler dans une entreprise chrétienne, assister à des réunions chrétiennes et s'isoler ainsi de ces gens mêmes que notre présence sur terre doit nous permettre de toucher au nom du Seigneur. Tel est le produit logique de la théologie de la survie. Le royaume de Dieu est le domaine réservé de l'Esprit de Dieu qui démontre la souveraineté de Jésus. Seule, la vie remplie de l'Esprit peut jouer le rôle du levain dans un monde enténébré.

## Le défi suprême

Le défi suprême s'est présenté aux hommes sages du roi lorsque ce dernier leur a demandé d'interpréter un rêve qu'il venait d'avoir, mais avant cela, de lui dire quel était même son rêve ! Voyant qu'ils en étaient incapables, il ordonna de les exécuter tous. Ils se mirent donc à la recherche de Daniel et de ses amis, afin de les tuer, eux aussi. Daniel demanda alors audience au roi. Il était convaincu en effet que Dieu le rendrait capable d'apporter au souverain la parole de Dieu. Avant de raconter au roi son rêve et de lui en donner l'interprétation, il lui enseigna une vertu du royaume de Dieu appelée l'humilité. Daniel déclara : « Si ce mystère m'a été révélé, ce n'est pas qu'il y ait en moi une sagesse supérieure à celle de tous les vivants, mais c'est afin que l'explication soit donnée au roi, et que tu connaisses les pensées de ton cœur».[8] En d'autres termes, ce n'est pas parce que je suis grand ou talentueux. C'est parce que Dieu veut que nous vivions et qu'il veut que tu reçoives ce message. Puis Daniel interpréta le rêve, comme un bon serviteur.

Une grande partie de la théologie du royaume est centrée aujourd'hui sur le règne des croyants, dans le sens où nous devons devenir des présidents de sociétés ou des membres de gouvernements. Dans une certaine mesure, c'est tout à fait vrai. Mais notre point fort est et sera toujours le service. Si, dans le cadre de notre service, nous obtenons une promotion et accédons ainsi à une position dominante, nous devrons nous rappeler que *ce qui nous a fait arriver là nous aidera à rester utiles.* Dans le royaume, le plus grand est serviteur de tous. Utilisez donc chaque position que vous occupez pour servir avec plus d'efficacité.

## La promotion défiée

Grâce au don prophétique de Daniel, ses amis et lui obtinrent une promotion. Vous remarquerez qu'avant cette crise, il n'est fait nulle part mention de l'exercice de ce don par Daniel. L'un de mes amis évangélistes a eu une aventure similaire alors qu'il était encore jeune. Il avait été invité à prêcher dans une église, au Canada. Comme il sortait de l'avion, le pasteur le regarda l'air surpris et lui dit: «Mais tu n'es pas Morris Cerullo!» Ce pasteur avait une grande faim de signes et de prodiges qu'il voulait voir revenir dans son église, et il pensait avoir programmé une semaine de réunions avec Morris Cerullo. Toujours sous le choc, le pasteur demanda au jeune homme si son ministère était accompagné de signes et de prodiges. «Non», lui répondit mon ami. Regardant alors sa montre, le pasteur lui dit: «Vous avez quatre heures pour en trouver», puis il l'emmena à l'hôtel. Complètement désespéré, mon ami cria alors à Dieu, et Dieu entendit son cri. Ce soir-là marqua le début du ministère de signes et de prodiges qui a marqué la vie de mon ami jusqu'à ce jour. Dieu avait orchestré les circonstances pour que Daniel et ce jeune évangéliste puissent aspirer aux dons spirituels.

*Infiltrer le système* sous-entend souvent que nous devons être prêts à exercer les dons spirituels dans notre monde. En réalité, ces dons fonctionnent mieux dans le monde que dans les limites des réunions de l'église. Quand nous ne pratiquons les dons qu'au sein de l'église, ils perdent leur efficacité. Quand, au contraire, nous envahissons le système du monde par la souveraineté de Dieu, nous demeurons efficaces et nous voyons des conversions.

## Le salut par association

Le reste des sages, parmi lesquels les magiciens, les astrologues, etc., furent épargnés à cause de Daniel. La présence du royaume de Dieu sauve les vies de gens qui ne l'ont pas mérité par leur obéissance personnelle. Telle est la puissance de la justice : elle protège ceux qui sont autour d'elle.

Cependant, la promotion n'est pas exempte de défis. Quand vous pensez être parvenus à une place de leadership, un événement survient qui fait tanguer votre barque. Nebucadnetsar s'est fabriqué une statue en or d'une hauteur d'environ trente mètres. Tous ses sujets ont dû adorer cette statue. Mais les Juifs s'y sont refusés. Il existe une différence entre la soumission et l'obéissance. Il nous arrive parfois de devoir aller à l'encontre de l'ordre de nos leaders. Mais même dans ces cas-là, nous devons agir avec une attitude de soumission.

## L'invasion du système

Au chapitre 4 du livre de Daniel, nous trouvons une leçon supplémentaire. Daniel avait reçu l'interprétation d'un nouveau rêve, qui parlait du jugement de Dieu à l'encontre de Nebucadnetsar. Rappelez-vous que ce roi était en fait le chef d'un royaume inspiré du diable, et qui prônait l'idolâtrie ! Des hommes de moindre caractère se seraient réjouis d'un tel jugement. Pas Daniel. Son attitude envers son maître s'exprime ainsi : «Mon Seigneur, que le rêve soit pour tes ennemis, et son explication pour tes adversaires !»[9]

Quelle loyauté! Son attachement n'était pas fondé sur le caractère de son roi, mais plutôt sur la personnalité du Dieu qui lui avait confié cette place de serviteur. À sa place, certains y seraient allés d'un «je vous l'avais dit» à l'égard de leur patron, si Dieu l'avait jugé de cette manière. Le monde a déjà remarqué notre attitude de pharisien, mais il n'en a pas été impressionné. Il est grand temps qu'il voie une loyauté qui ne soit pas fondée sur une bonté authentique. Les réponses du style de celle de Daniel se font remarquer. Elles exposent le royaume de Dieu dans sa pureté et sa puissance. Elles sont tout simplement révolutionnaires.

Les derniers versets du chapitre 4 nous relatent ce qui constitue peut-être la plus grande conversion de tous les temps: celle de Nebucadnetsar, le souverain le plus ténébreux de l'Histoire. Ses derniers mots sont les suivants: «Maintenant, moi, Nebucadnetsar, je loue, j'exalte et je glorifie le roi des cieux, dont toutes les œuvres sont vraies et les voies justes, et qui peut abaisser ceux qui marchent avec orgueil».[10] Il fut sauvé de l'enfer grâce à la puissance de fermentation du royaume de Dieu. Le système avait été envahi, la justice avait été établie, la puissance exposée, et les gens sauvés.

Pour que le réveil puisse développer tout son potentiel souverain et envahir le monde, il faut qu'il soit sorti des quatre murs de l'église et lancé sur *la place publique*.[11] Vous devez être des envahisseurs calmes, puissants, décidés, par le moyen du service. Quand vous rencontrez une personne qui se trouve devant une impossibilité, faites-lui savoir que la réalité des cieux est à portée de la main! Et «que votre paix vienne sur elle!»[12]

## Joseph dans le rôle du levain

C'est dans des rêves que Dieu avait parlé à Joseph de son dessein pour sa vie. Le fait d'en parler à sa propre famille n'a attiré à Joseph que des ennuis. Ses frères étaient déjà jaloux de lui, parce que leur père en avait fait son préféré. Plus tard, ils le kidnappèrent et le vendirent comme esclave.

Dieu le fit prospérer partout où il allait, parce que c'était l'homme d'une promesse. L'excellence de son service lui fit obtenir la faveur de son maître Potiphar. Quand la femme de ce dernier essaya de le séduire, Joseph dit non. Elle proféra un mensonge, qui le fit mettre en prison, où il continua de prospérer. Pendant que les circonstances de sa vie ne faisaient qu'empirer, Dieu s'attachait à semer en son homme les caractéristiques du levain.

En prison, il fit la connaissance d'un maître d'hôtel et d'un boulanger qui étaient au service du roi. Chacun d'eux eut un jour un rêve. Cependant, ils étaient attristés parce qu'ils ne comprenaient pas ce rêve. Joseph leur dit alors : « Les interprétations des rêves n'appartiennent-elles pas à Dieu ? Racontez-moi vos rêves. » Il est évident que Joseph ne nourrissait pas la moindre amertume vis-à-vis de Dieu. Il utilisa donc son don pour interpréter leurs rêves. Pour le maître d'hôtel, c'était une bonne nouvelle : il obtint sa libération. Mais le boulanger, quant à lui, fut exécuté.

Quelque temps plus tard, le Pharaon eut deux rêves troublants. Le maître d'hôtel se rappela alors le don de Joseph, et ce dernier se retrouva bien vite en présence du roi. Quand le souverain lui demanda d'interpréter son rêve, Joseph répondit : « Ce n'est pas moi ! » Quand on a un tel cœur, on peut être utile à Dieu.

Joseph interpréta les rêves et exerça ensuite le don de sagesse en conseillant le roi sur ce qu'il devait faire. Le souverain l'honora en le plaçant juste en-dessous de lui, dans la hiérarchie de l'Empire.

Joseph nous offre l'un des meilleurs exemples de pardon dans toute la Bible. Ses frères viennent plus tard le voir, sans le reconnaître, parce que leur pays est frappé par une grande famine. Quand il leur révèle enfin sa véritable identité et comment ses rêves ont fini par s'accomplir, il leur dit : « Maintenant, ne vous affligez pas et ne soyez pas fâchés de m'avoir vendu (pour être conduit) ici, car c'est pour (vous) garder en vie que Dieu m'a envoyé devant vous ».[13]

Vous remarquerez que Joseph n'a pas oublié ce qui lui était arrivé. L'idée selon laquelle nous devons oublier ce que certains nous ont fait engendrent plus de mal que de bien. La suppression ne fait que cacher la blessure. L'incubation de cette dernière fait se propager l'infection.

## Apprendre de leur exemple

Pour infiltrer le système, il faut à la fois de la pureté et de la puissance. La pureté se voit dans le caractère de ces hommes quand ils font preuve de loyauté et d'esprit de pardon, au-delà du raisonnable. La puissance est libérée par l'exercice de leurs dons.

Pour jouer efficacement le rôle du levain dans *le système babylonien*, nous devons revoir notre compréhension de ces sujets-là. Les enfants de Dieu doivent développer un cœur qui sache voir le succès des autres. Il nous est facile de souhaiter le succès de ceux qui se conforment à nos croyances et à nos règles. Mais la capacité d'exprimer la loyauté et le pardon à l'égard d'une personne qui n'est pas encore sauvée peut être la clé qui permettra de toucher son cœur.

L'intégrité de la personne est le point d'appui de toute vie et de tout ministère, et notre crédibilité est fondée sur cela. Nous pouvons être pétri de talents, mais si personne ne nous fait confiance, le monde restera sourd à notre message. L'intégrité c'est la sainteté, et la sainteté c'est la nature de Dieu. La soumission au Saint-Esprit est au cœur de la question de l'intégrité.

## Porter l'Évangile sur la place publique

«Partout où il entrait, villages, villes ou campagnes, on mettait des malades sur les places publiques et on le suppliait afin de toucher seulement la frange de son vêtement. Et tous ceux qui le touchaient étaient délivrés.»[14]

L'évangile qui ne fonctionne pas sur la place publique n'a aucune valeur. Jésus a envahi tous les domaines de la société. Il allait là où les gens se réunissaient. Ils constituaient son but, et il devint le leur.

Nous voyons des hommes d'affaires utiliser les dons de l'Esprit afin d'identifier les besoins de leurs collaborateurs et de leurs clients. Un jeune équipier a imposé un jour les mains au défenseur vedette de l'équipe de football de son lycée, qui venait d'être fauché par un adversaire et se trouvait sérieusement blessé à une jambe. Une fois guéri, le défenseur a repris le match en reconnaissant que c'était Dieu qui l'avait guéri!

Une jeune fille diabétique a eu un choc insulinique. Son amie chrétienne a prié pour elle, tout en l'accompagnant à l'infirmerie. Quand la mère de la jeune fille est venue la chercher à l'école et l'a emmenée chez le docteur, ils ont découvert qu'elle n'avait plus de diabète!

Une fille de dix ans a demandé à sa mère de l'emmener au centre commercial afin qu'elle puisse trouver des malades pour lesquels prier. Des étudiants qui travaillent à notre café-bar ont posé sur leur table un écriteau disant: «Prière gratuite». Les gens n'y ont pas seulement reçu la prière, mais également une parole prophétique qui leur a fait prendre plus conscience de l'amour de Dieu.

Des équipes apportent des repas chauds aux hôtels locaux afin d'aider ceux qui sont dans le besoin. Le propriétaire d'un hôtel a mis une salle à notre disposition pendant un temps, afin que nous puissions y prier pour les nombreux clients malades.

Certains envahissent les bars pour y trouver des gens qui ont besoin d'aide. Les dons de l'Esprit sont puissamment exercés dans un tel contexte. Dans l'église de mon frère, ce sont les grands-mères qui se rendent dans les bars de San Francisco. Pendant qu'il reste à proximité pour assurer leur protection, les femmes s'assoient à une table avec un soda et prient. Les unes après les autres, les personnes viennent à leur table pour que l'on prie pour elles. Il n'est pas rare de les voir s'agenouiller et pleurer parce qu'elles viennent de découvrir l'amour que Dieu a pour elles.

Dans les quartiers les plus pauvres, nous nettoyons les cours et tondons les pelouses, tandis que d'autres équipes font le ménage dans les maisons. Certains font du porte à porte afin de prier pour les malades. Les miracles font ici partie de la norme.

Ceux qui pratiquent le skateboard sont touchés par les chrétiens qui pratiquent le même sport et qui cherchent à les conduire à une rencontre avec le Dieu Tout-Puissant. Là où sont les gens, nous allons. Nous cherchons aussi les sans abri sous les ponts et dans les terrains vagues.

Nous organisons des repas, pendant les vacances, et nous y invitons les plus nécessiteux en allant les chercher en autobus. Chacune des familles de l'église adopte pour l'occasion une table, la prépare avec ses plus beaux services en porcelaine, en cristal et en argent. Les membres les plus malheureux de notre société sont amenés à l'église afin d'y être traités comme le trésor des cieux. Ils y sont nourris, vêtus et aidés en rapport avec leurs besoins les plus fondamentaux, tant naturels que spirituels.

Jésus ne s'est pas soucié seulement des pauvres et des exclus. Il s'est occupé également des élites. Les gens riches font également partie des personnes les plus malheureuses de nos villes. Cependant, nous ne devons pas les servir pour leur argent ! Ils sont déjà habitués à ce que des gens les traitent en amis afin d'obtenir quelque chose en échange.

Des parents entraînent des équipes d'enfants. D'autres donnent des cours du soir dans des écoles publiques. D'autres encore travaillent comme bénévoles dans des hôpitaux locaux, ou servent comme aumôniers auprès de la police ou des lycées. Des gens rendent visite à leurs voisins malades et voient Dieu réaliser l'impossible.

Où la vie vous conduit-elle ? Allez-y dans l'onction et observez les impossibilités s'incliner devant le nom de Jésus.

## Membre du jury avec l'aide du Saint-Esprit

Buck était un homme qui avait vraiment emporté les dons avec lui sur la place publique. Il fut sélectionné pour faire partie d'un jury. Dès qu'il s'assit au tribunal, le Seigneur lui parla en ces termes : «La justice doit l'emporter !» À la fin du procès, le jury se mit à délibérer. Très vite, des dissensions apparurent quant à l'interprétation de la loi. Buck expliqua alors les questions en jeu d'une manière telle que les autres pensèrent qu'il avait fait du droit. Il profita de l'occasion pour rendre son témoignage. Alors qu'il était un excellent étudiant en sciences, il sombra dans la toxicomanie. Jésus guérit son esprit alors qu'il mémorisait l'Écriture. Son témoignage gagna le cœur de certains jurés, mais en éloigna d'autres de lui.

Quand il fut temps de décider du verdict, ils n'étaient toujours pas d'accord. Les délibérations se poursuivirent donc jusqu'au lendemain. La pierre d'achoppement portait sur la définition d'un *criminel*. L'homme que l'on jugeait remplissait six des sept conditions pour être considéré comme coupable. La septième était discutable. Le lendemain, Buck décida d'apporter une rose dans un vase. Tout le monde salua ce beau geste. Il les laissa discuter pendant un moment, puis leur demanda, en montrant la rose: «Qu'est-ce que cela?» Ils le regardèrent comme s'il était un peu stupide, et dirent: «Une rose!» Il leur demanda s'ils en étaient certains. Ils répondirent affirmativement.

Il insista encore, disant: «De quoi est constituée une rose?» Ils citèrent les pétales, la tige, les feuilles, les épines, etc. Puis il leur demanda: «Voyez-vous tous ces éléments?» Ils lui répondirent: «Oui, sauf les épines.» Il demanda alors: «Est-ce quand même une rose si l'on ne voit pas les épines?» «Oui», répondirent-ils. Il leur dit alors: «Cet homme est un criminel!»

Ils captèrent le message. Le don de sagesse avait opéré sans qu'ils le sachent. Il n'en restait plus que deux qui ne le considéraient pas comme coupable. Le verdict était encore en suspens. Quand le juge demanda à chaque juré s'il croyait qu'il allait y avoir une décision, chacun répondait «non». Tout, sauf Buck. Dans son cœur, il entendait ces mots: «La justice doit l'emporter!» Le juge leur accorda encore trente minutes pour se mettre d'accord. Dès qu'ils entrèrent dans la salle des délibérations, la parole du Seigneur s'adressa à Buck. Il montra du doigt l'un des deux jurés, et lui dit: «Vous, vous dites qu'il est innocent parce que...» Buck exposa alors un péché secret de la vie du juré. Il se tourna ensuite vers le deuxième, et fit de même. Ils se regardèrent l'un l'autre, et se dirent: «Je vais voter différemment, si tu fais de même!»

Buck avait d'abord donné une parole de sagesse, au cours des délibérations. Cela contribua à clarifier les choses, même auprès des incroyants. Puis il donna une parole de connaissance, révélant ce qu'il n'aurait pas pu connaître de lui-même. Il exposa ainsi le péché de deux hommes qui avaient rejeté les transactions de Dieu.

À la fin, la volonté de Dieu triompha au sein de cette situation. C'était le triomphe de la *justice*!

Être impliqué dans le surnaturel par l'intermédiaire des dons spirituels, c'est ce qui rend l'invasion efficace. Le royaume de Dieu est un royaume de puissance! Nous devons rechercher une démonstration plus accomplie de l'Esprit de Dieu. Priez beaucoup et prenez des risques.

L'exemple suprême de cette invasion, c'est Jésus. En lui, le surnaturel a envahi le naturel.

La vision, telle qu'elle est définie par les rêves de Dieu, nous équipe d'un courage indéfectible. Tel est le but du prochain et dernier chapitre.

# Notes

1. Luc 13.20-21.
2. Comprenez bien qu'il y a une différence entre le fait de mépriser une doctrine et celui de rejeter un frère ou une sœur dans le Seigneur. Le pharisaïsme naît quand nous pensons qu'il est normal de rejeter des gens afin de protéger des idées.
3. Ésaïe 60.2.
4. Voir Apocalypse 12.11.
5. Romains 5.20.
6. Daniel 1.4.
7. Voir Daniel 1.20.
8. Daniel 2.30.
9. Daniel 4.17 (4.19 dans la version L. Segond 1910, *ndt*).
10. Daniel 4.34 (4.37 dans la version L. Segond 1910, *ndt*).
11. Voir Marc 6.56.
12. Matthieu 10.13.
13. Genèse 45.5.
14. Marc 6.56.

# Le réveil
## d'aujourd'hui

## CHAPITRE 17

*Ce que Dieu a prévu pour l'Église d'aujourd'hui est plus
grand que notre capacité d'imaginer et de prier.
Nous avons besoin de l'aide du Saint-Esprit
pour apprendre à connaître ces mystères de l'Église
et du royaume de Dieu. Sans lui, nous n'aurons
pas assez de discernement pour comprendre ne serait-ce
que ce qu'il convient de demander dans la prière.*

Comprendre ce qui va arriver est certes important, mais cela ne contribue pas à nous préparer pour planifier et élaborer des stratégies de manière efficace. Ce qui est surtout important, c'est de comprendre la promesse de Dieu et son dessein pour l'Église, afin que nous devenions insatisfaits et, par voie de conséquence, désespérés. L'intercession qui naît d'une faim insatiable remue le cœur de Dieu comme rien d'autre ne pourrait le faire.

Le réveil ne s'adresse pas aux cœurs fragiles. Il apporte la crainte aux prétentieux, à cause des risques qu'il exige. Les craintifs œuvrent souvent à l'encontre de l'action de Dieu. Parfois, cela conduit à leur mort, alors qu'ils s'imaginent travailler pour Dieu. La tromperie leur dit que les changements engendrés par le réveil vont à l'encontre de la foi de leurs pères. En conséquence, la capacité innée qu'ils ont de créer se dessèche et se transforme en efforts laborieux dans un but de préservation. Les craintifs deviennent conservateurs de musées, au lieu d'être des bâtisseurs du royaume de Dieu.

Il en est d'autres qui prennent tous les risques. Ils considèrent la foi de leurs pères comme un fondement sur lequel on peut dignement construire. Ils ont eu un aperçu de ce qui pouvait être fait et ils ne désirent rien d'autre. Le changement pour eux n'est pas une menace, mais une aventure. La révélation s'agrandit, les idées se multiplient. Ils s'étendent.

«Ainsi le Seigneur, l'Éternel, ne fait rien sans avoir révélé son secret à ses serviteurs, les prophètes.»[1] Les activités de Dieu sur terre commencent avec une révélation faite à l'humanité. Le prophète entend, puis proclame. Ceux qui ont des oreilles pour entendre répondent et sont prêts pour le changement.

Pour comprendre qui nous sommes et ce que nous sommes appelés à devenir, nous devons voir Jésus *tel qu'il est*. Nous sommes sur le point de voir la différence entre le Jésus qui a parcouru les rues guérissant les malades et ressuscitant les morts, et le Jésus qui règne aujourd'hui au-dessus de tous. Aussi glorieuse que fut sa vie sur terre, il ne s'agissait que de l'aspect qui *précédait* la croix. Le christianisme est une vie qui se déroule du côté de la croix que nous appelons la résurrection.

Ce changement de centre d'intérêt se manifeste de manière particulière dans ces derniers jours. Il doit en être ainsi si nous voulons devenir ce qu'il a voulu que nous devenions.

La *religion* (c'est-à-dire la «forme sans la puissance») sera de plus en plus méprisée dans le cœur de ceux qui lui appartiennent vraiment. La révélation crée un véritable appétit pour Dieu. Il ne vient pas dans un modèle «spartiate». Le Saint-Esprit ne connaît pas la classe économique. Il ne vient qu'avec l'équipement complet. Il est chargé, et rempli de puissance et de gloire. Il veut être vu tel qu'il est, en nous.

## Un concept supérieur

Il suffit d'une parole de lui pour créer une galaxie entière. Ses promesses à l'intention de l'Église dépassent toute compréhension. Trop nombreux sont ceux qui les considèrent comme n'étant les promesses de Dieu que pour le millénium ou le ciel, et qui prétendent que mettre l'accent sur le plan de Dieu pour aujourd'hui au lieu de le mettre sur l'éternité, c'est déshonorer le fait que Jésus s'en est allé nous préparer une place. Notre prédisposition à l'égard d'une Église faible a rendu nos yeux aveugles aux vérités que la Parole de Dieu nous adresse. Ce problème trouve sa racine dans notre incrédulité, et non dans une faim quelconque pour le ciel. Jésus nous a enseigné à vivre en proclamant : « Le royaume de Dieu est proche ! » Il s'agit d'une réalité présente, qui affecte notre « maintenant ».

Nous manquons de compréhension de ce que nous sommes pour la simple raison que nous ne possédons qu'une piètre révélation de ce qu'il est lui-même. Nous connaissons très bien sa vie sur terre. Les Évangiles regorgent d'information sur ce qu'il était, comment il vivait, et ce qu'il a fait. Mais cela ne constitue pas un modèle pour la vie de l'Église aujourd'hui. Ce qu'il est aujourd'hui -- glorifié et assis à la droite du Père -- est le modèle de ce que nous devenons !

Écoutez bien cette déclaration préalable : « Ce que Dieu a prévu pour l'Église d'aujourd'hui est plus grand que notre capacité d'imaginer et de prier. » À cause de telles déclarations, certains craignent que l'Église perde son équilibre. Nombreux sont ceux qui disent que nous devons faire bien attention à ne pas mettre trop l'accent sur ce que nous sommes appelés à devenir *maintenant*. Pourquoi ? La majeure partie d'entre eux se montrent prudents parce qu'ils ont peur d'être déçus. C'est pour cela que l'incrédulité nous habite. Que peut-il m'arriver de pire, si je recherche ce qui est réservé à l'éternité ? Dieu pourrrait dire « non ! » Nous commettons une grossière erreur quand nous pensons pouvoir lever le voile sur tout ce qui appartient au ciel, tout en restant de ce côté-là de l'éternité.

Comme ils ont peur des excès, un grand nombre de chrétiens embrassent la médiocrité comme représentant l'équilibre. Une telle crainte fait de l'autosatisfaction une vertu. Or, c'est la crainte de l'excès qui a fait paraître ceux qui résistent au changement comme des esprits nobles. L'excès n'a jamais tué le réveil. William DeArteaga a écrit: «Le grand réveil [du XVIIIème siècle, ndt] n'a pas été éteint par ses extrémistes, mais parce qu'il a été condamné par ceux qui s'y opposaient».[2] Il ajoute: «Les divisions apparaissent lorsque l'intellect est intronisé comme la mesure de la spiritualité, et non parce que les dons spirituels sont exercés, comme certains disent, dans leurs accusations.»[3] Je ne prête aucune attention aux possibles excès de ceux qui se satisfont du manque.

Cette génération est une génération de gens qui prennent des risques. Les risques qui sont pris aujourd'hui ne seront pas tous regardés comme l'expression d'une foi authentique. Certains se révéleront être des actes absurdes et des formes de présomption. Ils doivent cependant être courus de la même manière. Comment pourrions-nous apprendre d'une autre manière? Faites de la place dans votre vie aux preneurs de risque *qui ne battent pas de l'air*. Ils seront pour vous une source d'inspiration pour atteindre la grandeur que l'on découvre quand on sert un grand Dieu.

Les pêcheurs locaux disent: «Si tu n'accroches pas ton gréement au lit de la rivière de temps à autre, tu ne pêches pas assez profondément». Je ne veux certes pas honorer la présomption ou l'erreur, mais je tiens cependant à applaudir à la passion et à l'effort. Notre obsession pour la perfection a laissé place à l'un des plus sérieux reproches. Quand j'ai appris à mes garçons à faire du vélo, je les ai emmenés dans un parc où il y avait beaucoup d'herbe. Pourquoi? Parce que je voulais qu'ils évitent de se blesser *quand* ils tomberaient. Je ne me disais pas *s'ils* tombaient... L'accoutumance à la perfection a fait place à un esprit religieux. Les gens qui refusent de se lancer et d'être utilisés par

Dieu deviennent les critiques de ceux qui le font. Les preneurs de risques, ceux qui réjouissent le cœur de Dieu, deviennent les cibles de ceux qui ne se trompent jamais pour la simple raison qu'ils essaient rarement.

## L'Église glorieuse à venir

Ce qui suit est une liste *partielle* des choses qui sont mentionnées dans l'Écriture à propos de l'Église et qui doivent encore s'accomplir. Jésus veut que nous atteignions la maturité avant son retour. Chacun de ces passages contient un aperçu prophétique de ce que contient le cœur de Dieu pour nous, maintenant.

LA SAGESSE DE DIEU : « *Ainsi désormais, les principautés et les pouvoirs dans les lieux célestes connaissent par l'Église la* **sagesse** *de Dieu dans sa grande diversité, selon le dessein éternel qu'il a réalisé par le Christ-Jésus notre Seigneur...* »[6]

C'est MAINTENANT que la sagesse doit être manifestée par nous ! Il est clair que Dieu veut, par le moyen de ceux qu'il a créés à son image, apporter un enseignement au monde spirituel à propos de sa sagesse.

Salomon a été l'homme le plus sage qui ait jamais vécu, en dehors de Jésus qui était la sagesse incarnée.[7] La reine de Saba vint examiner la sagesse de Salomon. « La reine de Saba vit la sagesse de Salomon, la maison qu'il avait bâtie, les mets de sa table, l'habitation de ses serviteurs, les fonctions et les vêtements de ceux qui étaient à son service, ses échansons et leurs vêtements, et les marches par lesquelles on montait à la maison de l'Éternel : elle en perdit le souffle. »[8] Elle reconnut que sa sagesse dépassait tout ce qu'elle avait imaginé. En réalité, la profondeur de cette sagesse était identifiée par ces trois attributs : *excellence, créativité* et *intégrité*. Et quand elle vit cela en action, elle en perdit le souffle !

La sagesse de Dieu sera de nouveau manifestée parmi son peuple. L'Église, qui est aujourd'hui méprisée, ou au mieux ignorée, sera de nouveau respectée et admirée. L'Église fera de nouveau l'objet des louanges de la terre.[9]

Examinons les trois éléments de la sagesse de Salomon :

*L'excellence* est le niveau élevé de ce que nous faisons à cause de ce que nous sommes. Dieu est extravagant, mais il ne gaspille rien. Le cœur qui pratique l'excellence pour Dieu peut fort bien paraître dépensier aux yeux des gens du dehors. Exemple : dans Matthieu 26.8, nous voyons Marie répandre sur Jésus un parfum qui représente une année de salaire. Les disciples pensèrent que ce parfum aurait été mieux utilisé s'il avait vendu et que le produit de la vente avait été donné aux pauvres. En 2 Samuel 6.14-16, 23, le roi David s'est humilié devant le peuple en enlevant ses vêtements royaux et en dansant de manière effrénée devant Dieu. Mikal, sa femme, le méprisa pour cela. En conséquence, elle n'eut pas d'enfant jusqu'au jour de sa mort, soit parce qu'elle devint stérile soit parce qu'elle renonça à toute intimité avec David, son mari. Cette perte tragique était le fruit de l'orgueil. Dans les deux situations, des personnes extérieures avaient considéré que les actions extravagantes de ceux qui adoraient Dieu représentaient un gaspillage ou une exagération. Dieu le vit d'un bon œil. L'excellence consiste à voir les choses d'un point de vue biblique.

En recherchant cette vertu, nous faisons tout pour la gloire de Dieu, et avec toute notre force. Un cœur marqué par l'excellence n'a pas de place pour cet esprit de pauvreté qui affecte une si grande part de ce que nous faisons.

*La créativité* ne se voit pas seulement dans la pleine restauration des arts. Il s'agit aussi de la nature du peuple de Dieu qui trouve des moyens nouveaux et meilleurs de faire les choses. Il est honteux de voir parfois l'Église tomber dans l'ornière du prévisible et l'appeler «tradition». Nous devons plutôt révéler ce qu'est notre Père par une expression créatrice.

L'Église se rend souvent coupable d'éviter la créativité parce qu'elle exige le changement. La résistance au changement est, en réalité, une résistance à la nature même de Dieu. Au fur et à mesure que les vents du changement vont souffler, il sera facile de distinguer ceux qui sont satisfaits de ceux qui ont faim. Le changement expose à la lumière les secrets du cœur.

Cette onction va également engendrer de nouvelles inventions, des percées dans la médecine et la science, et des idées créatrices dans le monde des affaires et celui de l'éducation. De nouveaux sons seront produits dans la musique religieuse, ainsi que d'autres formes d'art. La liste est sans fin. La seule limite, c'est le ciel. Levez-vous et créez!

*L'intégrité* est l'expression du caractère de Dieu tel qu'il est vu en nous. Ce caractère, c'est sa sainteté. La sainteté est l'essence même de sa nature. Ce n'est pas ce qu'il fait ou ne fait pas. C'est ce qu'il est. Il en est de même pour nous. Nous sommes saints parce que la nature de Dieu est en nous. Tout commence quand le cœur se met à part pour Dieu, et tout devient évident quand la nature de Christ est vue à travers nous.

Si nous pouvons garder les mains souillées de la religion éloignées de la magnifique expression de la sainteté de Dieu, les gens seront alors attirés par l'Église comme leurs prédécesseurs l'étaient par Jésus. La religion n'est pas seulement ennuyante. Elle est cruelle. Elle enlève le souffle de toute bonne chose. La vraie sainteté est rafraîchissante et bonne.

La reine de Saba est restée sans voix quand elle a vu la sagesse de Salomon. Il est temps que la sagesse de l'Église laisse le monde sans voix à son tour.

L'ÉGLISE GLORIEUSE : «...*pour faire paraître devant lui cette Église glorieuse.*»[10]

L'intention originale de Dieu pour l'humanité se trouve dévoilée dans le texte suivant: «Tous ont péché et sont privés de la gloire de Dieu».[11] Nous étions appelés à vivre dans la gloire de Dieu. Tel était le but quand Dieu a créé l'humanité. Notre péché a fait rater la cible à la flèche de son dessein.

La gloire de Dieu, c'est la présence manifeste de Jésus. Imaginez un peu: un peuple qui est continuellement conscient de la présence de Dieu, non en théorie, mais de la présence réelle de Dieu sur lui!

Nous allons devenir une Église dans laquelle Jésus va être vu dans toute sa gloire! C'est la présence du Saint-Esprit et son onction qui vont dominer la vie chrétienne. L'Église va être radieuse. «La gloire de cette dernière Maison sera plus grande que celle de la première.»[12]

**L'ÉPOUSE SANS TACHE NI RIDE**: «...*pour faire paraître devant lui cette Église glorieuse, **sans tache, ni ride**, ni rien de semblable, mais sainte et sans défaut.*»[13]

Imaginez une magnifique jeune femme prête pour son mariage. Elle s'est préparée en mangeant comme il fallait et en faisant tous les exercices qu'elle avait besoin de faire. Son esprit est lucide et d'un point de vue émotionnel, elle se sent en sécurité et libre. En la regardant, vous ne diriez pas qu'elle a pu se tromper quelque part. La culpabilité et la honte ne semblent pas avoir de prise sur elle. Elle comprend et respire la grâce. Selon Apocalypse 19.7, elle s'est préparée. C'est ce que l'amour peut vous faire faire. Comme Larry Randolph le dit: «C'est une perversion de s'attendre à ce que l'époux habille la mariée pour le mariage». L'Église doit se préparer. Les outils sont disponibles pour cela. L'Église n'a plus qu'à les utiliser.

Tout cela décrit l'Épouse de Christ à la manière biblique. Quand nous verrons combien Dieu est grand, nous ne mettrons pas en cause sa capacité à enlever cela. Paul déclare à l'église de Corinthe qu'il ne veut pas revenir les voir si leur obéissance n'est pas parfaite. Voilà ce que Dieu veut pour son Église. C'est ainsi que Jésus, *celui qui est parfait*, reviendra pour *celle qui est sans tache* quand il verra que notre obéissance est parfaite.

**L'UNITÉ DE LA FOI**: «*jusqu'à ce que nous soyons tous parvenus à **l'unité de la foi**.*»[14]

Ce qui est appelé «l'unité de la foi», c'est *la foi qui agit dans l'amour* et qui est mentionnée dans Galates 5.6. L'amour et la foi sont les deux éléments essentiels de la vie chrétienne.

La foi vient de la parole de Dieu, et plus particulièrement «d'une parole exprimée de manière nouvelle». La foi est ce qui plaît à Dieu. Elle lui fait activement confiance, comme à son Père Abba. Lui seul est à l'origine d'une telle foi. Elle vient quand il parle à son peuple. L'unité de la foi signifie que nous entendons ensemble sa voix, et que nous faisons de grands exploits. C'est un style de vie, pas un simple concept comme lorsqu'on a *une communauté d'idées concernant la foi*. Les hauts faits propres au réveil présent et à venir vont surpasser tout ce que l'Église a réalisé dans toute son histoire. Plus d'un milliard d'âmes seront sauvées. Des stades seront remplis vingt-quatre heures sur vingt-quatre, pendant de longues périodes, et l'on verra des multitudes de miracles : des guérisons, des conversions, des résurrections et des délivrances trop nombreuses pour pouvoir être comptées. Il n'y aura pas d'orateur de renom, pas de ministère de guérison exceptionnel, mais simplement l'Église qui sera celle que Dieu l'a appelée à être. Tout cela sera le produit de *l'unité de la foi.*

LA CONNAISSANCE DU FILS PAR RÉVÉLATION : «*jusqu'à ce que nous soyons tous parvenus à l'unité de la foi et de la connaissance du Fils de Dieu...*»[15]

L'apôtre Jean a appuyé un jour sa tête sur la poitrine de Jésus. Il a été appelé «celui que Jésus aimait». Vers la fin de sa vie, alors qu'il se trouvait sur l'île de Patmos, il a revu Jésus. Cette fois, Jésus ne ressemblait en rien à celui avec lequel Jean avait dîné pour la dernière fois. Ses cheveux étaient blancs comme de la laine blanche, ses yeux étaient comme une flamme de feu, et ses pieds étaient comme du bronze rougi au four. Dieu estimait que cette révélation méritait d'être publiée. Elle s'appelle l'Apocalypse (c'est-à-dire la révélation, ndt) de Jésus-Christ. L'ensemble de l'Église va recevoir une révélation toute nouvelle de Jésus-Christ, en particulier à travers ce livre. Ce qui est resté longtemps mystérieux va enfin être compris, et cette révélation fera entrer l'Église dans une transformation différente de tout ce qu'elle a expérimentée au cours des âges. Pourquoi ? *Parce qu'en le voyant, nous deviendrons semblables à lui !*

Si la révélation de Jésus constitue le thème central du livre de l'Apocalypse, nous devons également reconnaître que l'adoration en est la réponse principale. L'intensification de la révélation de Jésus se verra aux nouvelles dimensions de l'adoration, expérimentée en groupes dans la salle du trône.

UN HOMME MÛR : «*jusqu'à ce que nous soyons tous parvenus à l'unité de la foi et de la connaissance du Fils de Dieu, à l'état d'homme fait...*»[16]

Un athlète de niveau olympique ne se rend jamais aux Jeux pour la seule raison qu'il a du talent. Il faut la combinaison puissante d'un don porté à son potentiel maximal par la discipline. Il y a là une image de l'Église qui acquiert les dimensions de l'homme fait. C'est très singulier, car nous fonctionnons tous ensemble comme un seul. Tous les membres vont travailler dans une coordination et une harmonie parfaites, complétant la fonction et le don de l'autre, selon les directions données par la tête. Cette promesse-là n'attendra pas l'éternité pour se réaliser. Si je ne crois pas que cela parle de la perfection humaine, je pense cependant qu'il va y avoir une maturation de la fonction, sans jalousie, car sa présence va devenir de plus en plus manifeste. Nous devons embrasser cela parce que c'est Dieu qui a dit qu'il en serait ainsi.

**REMPLIS JUSQU'À TOUTE LA PLÉNITUDE DE DIEU :** *« connaître l'amour du Christ qui surpasse (toute) connaissance, en sorte que vous soyez **remplis jusqu'à toute la plénitude de Dieu.** »*[17]

Imaginez maintenant une maison avec un grand nombre de pièces. Cette maison représente notre vie. Chaque pièce que nous laissons pénétrer de l'amour de Dieu est alors remplie de sa plénitude. C'est l'image de ce verset. L'Église va expérimenter l'amour de Dieu, bien au-delà de sa capacité à le comprendre. Cette relation fondée sur une relation d'amour intime avec Dieu nous aidera à recevoir tout ce qu'il a désiré nous accorder depuis l'aube de l'Histoire.

> *« ...jusqu'à ce que nous soyons tous parvenus à l'unité de la foi et de la connaissance du Fils de Dieu, à l'état d'homme fait, à la mesure de la stature parfaite de Christ. »*[18]

L'expérience de l'amour de Dieu et la plénitude du Saint-Esprit qui l'accompagne sont indispensables à l'acquisition de *la stature parfaite de Christ. Jésus sera vu de manière parfaite dans l'Église, tout comme le Père est vu de manière parfaite en Jésus.*

## Les dons de l'esprit pleinement exprimés :

> *« Dans les derniers jours, dit Dieu,*
> *Je répandrai de mon Esprit sur **toute chair** ;*
> *Vos **fils** et vos **filles** prophétiseront*

*Vos **jeunes** gens auront des visions,*
*Et vos **vieillards** auront des songes.*
*Oui, sur mes **serviteurs** et sur mes **servantes**,*
*Dans ces jours-là, je répandrai de mon Esprit;*
*Et **ils** prophétiseront.* »[19]

Ce texte, qui est une citation de Joël 2, ne s'est jamais accompli parfaitement. Il a commencé de s'accomplir en Actes 2, mais ses limites vont bien plus loin que ce que la génération d'alors pouvait expérimenter. Tout d'abord, l'expression «toute chair» n'a jamais pu être touchée par ce réveil. Mais un jour, cela arrivera. Au cours du prochain mouvement de l'Esprit de Dieu, les barrières raciales vont s'effondrer, tout comme les barrières de l'économie, du sexe et de l'âge. L'effusion de l'Esprit qui aura lieu au cours de cette dernière génération va toucher toutes les nations de la terre, et libérera les dons de l'Esprit dans une pleine mesure sur les hommes et par leur intermédiaire.

1 Corinthiens 12 à 14 constitue un merveilleux enseignement sur le mode d'opération des dons de l'Esprit. Mais ces chapitres contiennent beaucoup plus encore. Ils nous montrent un groupe de croyants qui vivent dans la mouvance de l'Esprit, ce qui est essentiel au ministère des derniers jours. Ces manifestations du Saint-Esprit se dérouleront jusque dans les rues où elles doivent vraiment être. Car c'est là qu'elles peuvent atteindre vraiment leur potentiel.

Cette génération va réaliser pleinement le cri de Moïse qui demandait que l'ensemble du peuple d'Israël soit constitué de prophètes. Nous allons porter l'onction d'Élie et préparer ainsi le retour du Seigneur tout comme Jean-Baptiste a porté l'onction d'Élie et a préparé le peuple à la venue du Seigneur.

DES ŒUVRES PLUS GRANDES: «*...celui qui croit en moi fera, lui aussi, les œuvres que moi je fais, et il en fera de **plus grandes**, parce que je m'en vais vers le Père.* »[20]

La prophétie de Jésus annonçant que nous ferions des œuvres plus grandes que les siennes a poussé l'Église à rechercher le sens abstrait que devait revêtir cette déclaration très simple. Un grand nombre de théologiens s'efforce d'honorer les œuvres accomplies par Jésus comme étant inégalables. Mais cela, c'est de la religion, fruit de l'incrédulité. Nous n'impressionnons pas Dieu quand nous ignorons ce qu'il a promis sous prétexte d'honorer l'œuvre accomplie par Jésus sur terre. Il n'est pas difficile de comprendre ce que Jésus a dit. « Plus grandes » est suffisamment explicite. Les *œuvres* auxquelles il est fait référence, ce sont les signes et les prodiges. Nous ne le desservirons en rien si cette génération lui obéit, et va au-delà de *la marque de la marée haute*. Il nous a montré ce qu'une personne était en mesure de faire quand elle a en elle l'Esprit sans mesure. Que pourraient alors faire des millions de personnes ? C'est ce qu'il voulait dire, et c'est ce que sous-entend sa prophétie.

On explique souvent ce verset en disant qu'il parle d'une certaine *quantité* d'œuvres, et non d'une *qualité*. Comme vous pouvez le voir, des millions de gens devraient être en mesure de faire plus d'œuvres que Jésus pour la simple raison qu'ils sont beaucoup plus nombreux. Cependant, cela diminue la portée de sa déclaration. Le mot « plus grandes » est le terme grec *meizon*. On le trouve 45 fois dans le Nouveau Testament. Il est toujours utilisé pour décrire une « qualité », non une quantité.

**QUE TON RÈGNE VIENNE:** « *Que ton règne vienne; que ta volonté soit faite sur la terre comme au ciel.* »[21]

Dieu n'est pas le genre de père qui donne l'ordre à ses enfants de demander quelque chose sans avoir vraiment l'intention de le leur accorder. Il nous conduit à faire une telle prière parce qu'il désire vraiment l'exaucer. Les prières les plus sûres sont naturellement celles qu'il nous dit de faire. Sa réponse *dépassera tout ce que nous pouvons demander ou penser*. Et elle s'accomplira « par la puissance qui agit en nous. »[22]

Jésus a dit qu'il reviendrait après que l'Évangile du royaume aurait été prêché dans le monde entier. Alors, a-t-il précisé, viendra la fin.[23] Aujourd'hui, on interprète l'expression « l'Évangile du royaume sera prêché » comme voulant dire qu'il faut prêcher un message qui conduira le plus grand nombre de personnes possible à la conversion. Mais que signifiait pour Jésus la nécessité de prêcher l'Évangile du royaume? Chaque fois qu'il l'a prêché, ou qu'il a commandé de le faire, il y a eu des miracles. Le message devait être une proclamation de sa seigneurie et de sa domination sur toutes choses, suivie de démonstrations de puissance, et illustrant le fait que son monde envahit le nôtre par le moyen de signes et de prodiges. Réfléchissez au sens de cette promesse : une génération de croyants va se lever, qui prêchera comme il l'a fait et fera ce qu'il a fait, dans toutes les nations du monde, avant que ne vienne la fin! Quelle promesse!

La réalité présente du royaume deviendra manifeste et se réalisera dans la vie quotidienne du croyant. Ce monde-là fera irruption dans le monde présent partout où le chrétien priera avec foi. La seigneurie de Jésus sera alors visible, et l'on découvrira l'abondance qui accompagne son règne. Si la pleine expression de son royaume reste le lot de l'éternité, nous ne pouvons pas imaginer ce que Dieu aimerait faire auparavant. Il est temps d'explorer cette possibilité.

## L'Église en pleine explosion

Ne serait-il pas merveilleux d'avoir des églises si explosives du point de vue du surnaturel que nous devions chercher des moyens de calmer la situation? C'est ce que Paul a dû faire avec l'église de Corinthe. Les instructions relatives aux dons spirituels ont été données à des gens qui en possédaient tellement qu'il leur fallait organiser les choses. «Que tout se fasse avec bienséance et avec ordre.»[24] On ne peut pas organiser ce que l'on n'a pas. *Tout* doit d'abord avoir lieu avant qu'il soit nécessaire de créer une structure pour le rendre plus efficace. L'ordre ne remplace pas avantageusement la puissance. Mais si l'on a beaucoup de puissance, on a besoin d'un bon ordre. *Il n'y a que dans ce cas* que l'ordre peut ajouter une nouvelle dimension au rôle joué par la puissance au sein de l'Église.

## Aimer les gens, pas leurs idées

Je discutais un jour de l'action présente de Dieu avec un cessationiste.[25] Il m'expliqua alors que j'étais dans l'erreur pour la simple raison que je recherchais un évangile de puissance. Il a ajouté que les miracles avaient tous pris fin avec la mort du dernier des douze apôtres. Il poursuivit en disant que les miracles de guérison, les témoignages de familles réunies, le nouveau zèle pour l'étude des Écritures, et la passion pour rendre témoignage de l'amour de Dieu pour les autres étaient sans nul doute une œuvre du diable. Je lui ai alors répondu que son diable était trop grand et son Dieu bien trop petit. Pour se sentir en accord avec sa situation présente, l'Église a élaboré des doctrines qui justifient ses propres faiblesses. Certains sont même allés jusqu'à faire en sorte que ces lacunes apparaissent comme des points forts. En réalité, ce sont des doctrines de démons! Si j'aime et respecte les gens qui croient cela, je ne sens absolument pas la nécessité d'honorer ces absurdités.

Nous aurons besoin de la plus grande compassion si nous pensons que nous avons atteint la plénitude de ce que Dieu avait en vue pour son Église sur terre. Toute l'histoire de l'Église est fondée sur une révélation partielle. Tout ce qui a eu lieu au sein de l'Église, au cours des 1900 dernières années, se situe au-dessous de ce que l'Église primitive avait et qu'elle a perdu. Toute action de Dieu a été suivie d'une autre, dont le but était de restaurer ce qui avait été contrefait ou oublié. Nous ne sommes toujours pas au niveau de l'Église des premiers temps, et certainement pas au-dessus. Ceci dit, l'Église primitive n'a pas vraiment accompli tout ce que Dieu voulait pour son peuple. Ce privilège revient à ceux qui prendront le dernier relais. Tel est notre destin.

Aussi merveilleuses que soient nos racines spirituelles, elles n'en demeurent pas moins insuffisantes. Ce qui était bon pour *hier* est insuffisant pour *aujourd'hui*. Si nous voulons rester avec ce pour quoi nos pères ont lutté, nous les insulterons. Ils ont tout risqué parce qu'ils recherchaient quelque chose de frais et de nouveau en Dieu. Ce n'est pas que *tout* doit changer pour que nous allions dans le sens de ce que Dieu a dit et fait. C'est plutôt que nous exprimons bien trop de suppositions sur la *justesse* de ce qui existe aujourd'hui. Ces suppositions nous rendent aveugles aux révélations qui sont encore contenues dans l'Écriture. En réalité, ce que nous considérons comme étant *la vie chrétienne normale* ne peut tenir la route face à ce que Dieu s'apprête à faire. Nous devons changer d'outres. Une bien petite partie de ce que nous appelons aujourd'hui «vie d'Église» restera telle quelle dans les dix prochaines années.

## Atteindre notre maximum

Nous n'avons pas encore imaginé ce que Dieu a préparé pour nous pendant notre séjour sur terre. Il a de bien grandes intentions. C'est pourquoi, au lieu de nous laisser limiter par notre imagination et notre expérience, avançons vers une faim renouvelée pour les choses que nous n'avons pas encore vues. En recherchant dans un abandon total celui qui est extravagant, nous découvrirons que notre plus gros problème est la résistance qui s'exprime quelque part entre nos deux oreilles. Cependant, la foi est supérieure à cela. Il est temps aussi de lui faire oublier sa préoccupation concernant le fait qu'il ne trouvera peut-être pas de foi sur la terre quand il reviendra.

Le royaume, c'est pour aujourd'hui! Priez pour cela, recherchez cela en premier, et recevez-le comme un enfant. Il est à portée de la main.

## Une dernière leçon de la part d'un enfant

Lors d'une récente réunion sur la côte de la Californie du nord, nous avons assisté à une remarquable percée dans le domaine du miraculeux, tout particulièrement pour l'Amérique du Nord. Nous avons vu des muets, des aveugles, des gens souffrant d'arthrite et bien d'autres afflictions guérir par la grâce salvatrice de Dieu. Lors d'une réunion avec près de deux cents personnes, nous avons été les témoins d'environ 40 à 50 guérisons. Encore une fois, Jésus a fait la preuve de sa souveraineté sur toutes choses.

Un miracle particulièrement remarquable est arrivé à un enfant de trois ans appelé Chris, qui avait les pieds bots. Il portait des plaies aux pieds, qui frottaient par terre, sur le tapis, quand il essayait de marcher. Quand les assistants ont été invités à prier pour les malades,[26] plusieurs membres de notre équipe se sont rassemblés autour de cet enfant. Dieu a aussitôt commencé à le toucher. Quand ils ont fini de prier, ils l'ont reposé par terre. Pour la toute première fois de sa vie, ses pieds se sont posés à plat sur le sol! Il a alors contemplé ses pieds avec étonnement, et s'est baissé pour toucher ses plaies. L'un de ses petits amis lui a alors dit: «Cours!»

Il s'est levé aussitôt et s'est mis à courir en rond, en criant: «Je peux courir!» Inutile de dire que, ce soir-là, il y eu beaucoup de joie dans la maison.

De retour chez nous, nous avons regardé je ne sais combien de fois l'enregistrement vidéo de la soirée. Nous étions tellement excités par ce miracle qu'il nous a fallu un moment avant de remarquer que Chris voulait nous dire quelque chose. Ma femme, qui tenait la caméra, lui a alors demandé: «Qu'est-ce qui t'est arrivé?»

Regardant droit dans la caméra, il s'est écrié: «Jésus grand! Jésus grand!»

Dans notre excitation, nous avons changé de sujet sans faire attention et nous lui avons posé des questions à propos de ses pieds.[27] Ceux qui avaient été témoins du miracle nous ont donné tous les détails. Cependant, en regardant la vidéo, nous avons entendu son témoignage: «Jésus grand! Jésus grand!» La seule conclusion que nous avons pu tirer est que ce garçon a rencontré Jésus, qui est venu et l'a guéri.

## Conclusion

À l'instar de toutes les autres, contenues dans ce livre, cette histoire nous parle de la bonté de Dieu. C'est *le témoignage de Jésus*. Le livre de l'Apocalypse nous révèle ce principe: «Le témoignage de Jésus est l'esprit de la prophétie».[28] Un témoignage parle de manière prophétique de ce qui est encore possible. Il nous dit qu'un autre miracle est disponible. Il illustre, aux yeux de ceux qui écoutent, la nature de Dieu et l'alliance qu'il a contractée avec les hommes. Il recherche maintenant un homme ou une femme qui apportera sa foi au témoignage donné. Comme il ne fait pas de favoritisme, il fera pour vous ce qu'il a fait pour les autres. Comme il est le même aujourd'hui qu'hier, il est prêt à faire ce qu'il a déjà fait dans le passé même le plus lointain.

Deux semaines après le miracle expérimenté par Chris, j'ai montré la vidéo à l'église. Les chrétiens ont été fort encouragés. Le lendemain, deux de nos jeunes se sont rendus au centre commercial et ont aperçu une vieille dame qui marchait avec une canne. Ils lui ont demandé s'ils pouvaient prier pour elle, mais elle n'avait pas l'air intéressée. Jusqu'à ce qu'elle entende l'histoire de Chris. Son témoignage prophétisait déjà la bonté que Dieu allait exercer à son égard. Elle a exprimé alors le désir qu'on prie pour elle. Ils lui ont imposé les mains, et la tumeur a disparu de son genou. Ils ont ensuite reçu une parole de connaissance à son sujet, et lui ont fait savoir que Dieu guérissait également son dos. Quand elle a touché cette partie de son corps, elle a compris que l'autre tumeur dont elle ne leur avait pas parlé était partie elle aussi !

Un autre dimanche, j'enseignais sur la puissance du témoignage, et me servais de l'histoire de Chris en guise d'illustration. Il y avait là une famille du Montana qui était de passage avec un besoin du même type. Les pieds de leur petite fille étaient recourbés vers l'intérieur d'environ 45 degrés, de sorte qu'ils se chevauchaient quand elle courait. Quand sa mère a entendu le témoignage de Jésus qui avait guéri les pieds bots, elle s'est dit en elle-même : *je vais prendre cela pour ma fille !*[29] À la fin de la réunion, elle est allée chercher son enfant à la garderie et a découvert alors que ses pieds s'étaient complètement redressés ! Le témoignage était *prophétique*, la mère *avait cru*, et la fille avait été *guérie*.

Son invasion continue, et elle continuera à l'infini !

> « *Renforcer la souveraineté et donner une paix sans fin au trône de David et à son royaume.* »[30]

> « *Le royaume du monde est passé à notre Seigneur et à son Christ. Il régnera aux siècles des siècles !* »[31]

# Notes

1. Amos 3.7.

2. *Quenching the Spirit*, William DeArteaga, p.55 (Creation House).

3. Ibid., p.19.

4. Ibid., p.55.

5. Ibid., p.19.

6. Éphésiens 3.10-11.

7. Voir 1 Corinthiens 1.30.

8. 2 Chroniques 9.4.

9. Voir Jérémie 33.9.

10. Éphésiens 5.27.

11. Romains 3.23.

12. Aggée 2.9.

13. Éphésiens 5.27.

14. Éphésiens 4.13.

15. Éphésiens 4.13.

16. Éphésiens 4.13.

17. Éphésiens 3.19.

18. Éphésiens 4.13.

19. Actes 2.17-18.

20. Jean 14.12.

21. Matthieu 6.10.

22. Éphésiens 3.20.

23. Voir Matthieu 24.14.

24. 1 Corinthiens 14.40.

25. Tout individu qui croit que les miracles ont cessé après la naissance de l'Église du premier siècle.

26. Nous préparons tout croyant à prier pour les malades. Il n'est pas sain pour l'Église que le pasteur soit le seul à pouvoir prier pour les malades.

27. Comme c'est profond: un enfant voulait parler de Jésus, celui que le signe indiquait. Mais nous étions si fascinés pas le miracle que nous n'avons pas remarqué ce qu'il essayait de dire.

28. Apocalypse 19.10.

29. Elle a compris que la puissance du témoignage, c'est l'esprit de la prophétie. La prophétie a la possibilité de créer !

30. Ésaïe 9.6.

31. Apocalypse 11.15.

# Table des matières

www.ingramcontent.com/pod-product-compliance
Lightning Source LLC
LaVergne TN
LVHW052021080426
835513LV00018B/2104